Fit
ohne
Lügen

Der ehrliche Weg

Glauben Sie nicht allen Predigern!

Impressum

Verlag:
Thomas Fuchs
Nitterlstraße 4
3104 St.Pölten

Independently published

Druck: epubli – ein Service der neopubli GmbH, Berlin

Sowie Amazon KDP

Inhaltsverzeichnis

Über den Autor

Zu Beginn möchte ich mich gleich mit einem Schocker vorstellen, denn ich bin ein großer Verfechter der Wahrheit. Unbeschönigt und ohne Ihnen etwas vormachen zu wollen. Ich bin kein Mediziner, kein Psychologe, kein Schriftsteller und kein Prediger!

Was ich mit Prediger meine, ist nicht der Geistliche in der Kirche und auch nicht Ihr ehemaliger Religionslehrer, sondern jene die Ihnen nach deren Glauben das Leben, respektive Ihren Körper erklären wollen. Doch dazu später mehr.

Sicherlich werden Sie sich jetzt fragen, was genau mich jetzt aber befähigt, Ihnen Ratschläge zu Ihrem Körper zu erteilen, wenn ich ja kein einschlägiges Studium abgeschlossen, ja nicht einmal begonnen habe. Das Leben ist der beste Lehrer und wenn Sie für eine Sache brennen, können Sie in dem was Sie machen außerordentlich gut werden. Genau das ist bei mir im Laufe vieler Jahre, ja bereits Jahrzehnten in den Bereichen Sport und Ernährung passiert. Ich kam 1983 als einziger Sohn in einer durchschnittlichen österreichischen Familie zur Welt und habe meine Kindheit und Jugend ebenfalls völlig durchschnittlich verbracht. Gegessen wurde im Kreise der Familie, was meine Mutter täglich frisch gekocht hatte. Gute bürgerliche Hausmannskost ohne Zutaten deren Namen man mehrfach üben muss, um sie überhaupt richtig auszusprechen. Sportlich gesehen war ich zwar in diversen Sportarten aktiv, doch über den Hobbysport ging es niemals hinaus. Ich war niemals übergewichtig und auch nicht spindeldürr. Doch schon früh keimte in mir der Wunsch, einen athletischen Körper, ähnlich derer meiner damaligen Idole aus Kino und Fernsehen, zu haben. Anfangs sicherlich hauptsächlich um im Freibad eine gute Figur zu machen, doch nach überstandener Pubertät ging es zunehmend mehr um meine Gesundheit und mein Wohlbefinden. So fand ich den Einstieg in den Fitness- und Kraftsport, begann mich mit den Funktionen meines Körpers und den Bestandteilen meiner Nahrung zu beschäftigen. Es vergingen viele Jahre des Trainings und langsam formte sich mein Körper zu einer durchaus ansehnlichen Erscheinung. Doch die Betonung liegt ganz klar auf langsam, sehr langsam. Nicht etwa weil ich nicht voller Entschlossenheit trainierte und versuchte mich diszipliniert zu ernähren, sondern weil ich einfach nicht wusste, was ich tat. Von allen Seiten kamen diverse „gute" Ratschläge und Empfehlungen wie ich mein Training effektiver gestalten könnte, welche Lebensmittel meine Muskeln zum wachsen bringen würden und und und. Doch all dies hatte nicht den gewünschten Effekt und meine Fortschritte wurden immer minimaler, bis mich irgendwann die Motivation verließ. Ich dachte, mein Körper ist einfach nicht dafür geschaffen sportlich und muskulös zu sein. Ich müsse mich eben damit abfinden, immer durchschnittlich zu bleiben. Doch eines Tages fasste ich den Entschluss es noch einmal zu versuchen und ich absolvierte die Ausbildung zum Fitness- und Personaltrainer. Jede freie Minute beschäftigte ich mich mit dem Aufbau und den Funktionen des menschlichen Körpers und welchen Einfluss die unterschiedlichen Nährstoffe auf ihn haben. Seither haben sich nicht nur mein Erscheinungsbild und mein generelles Wohlbefinden, sondern auch jene meiner Kunden grundlegend geändert. Ich habe erkannt, dass nicht jeder Rat ein Guter ist und kann heute ganz genau beurteilen, worauf es eigentlich ankommt um seine körperlichen Ziele zu erreichen. Alles was ich behaupte, habe ich selbst ausgiebig getestet und empfehle daher nur, was auch tatsächlich funktioniert.

Da ich wie angesprochen ein Wahrheitsfanatiker bin, gebe ich Ihnen kein Versprechen, dass Sie nach Beendigung dieses Buches zu 100% abnehmen oder muskulöser werden, denn das können nur Sie selbst beeinflussen und ich habe es nicht in der Hand. Ich verspreche Ihnen jedoch, dass Sie im Anschluss ganz genau wissen, was Sie dafür machen müssen um Ihr Ziel zu erreichen!.

Einleitung

Haben Sie es genauso satt wie ich? Satt ständig leere Versprechungen zu bekommen, satt vorgegaukelt zu bekommen, es sei einfach, satt ständig zu hören wie schnell es geht, satt für dumm verkauft zu werden?! In jeder Werbepause im Fernsehen zeigen sie uns wie gesund das neue Fastenjoghurt oder der neue Diätdrink ist, Fitnesscenter die uns versprechen, dass wir in 30 Tagen unsere Traumfigur erreichen und in allen sozialen Netzwerken Influencer mit Ratschlägen und Weisheiten wie jeder aussehen kann wie ein Laufstegmodel oder Bodybuilder. Sie verkünden ihre Botschaften wie Prediger, wissend dass es viele gibt, die auf ein neues Wundermittel, auf einen einfachen Weg hoffen. Wenn man diesen ganzen Ratgebern und Versprechungen Glauben schenkt, ist es umso verwunderlicher, dass doch der Großteil der Menschheit nicht diesen Idealen entspricht. Sehr viele von uns sind zu dünn, zu dick, zu klein, zu arm, zu... alles Mögliche. Die Schönheitsideale, welche hier verbreitet werden, ähneln sich gleichermaßen wie die selbst ernannten Gurus die sie predigen. Die Menschen sind so verschieden und doch lassen wir uns einreden, alle gleich aussehen zu können oder, noch schlimmer, zu müssen. Nur weil diese eine spezielle Diätform bei jemandem am anderen Ende der Welt funktioniert hat, muss sie noch lange nicht bei Ihnen oder bei mir funktionieren. Ja, unsere Körper sind vom Grundaufbau gleich und auch unsere Körperfunktionen und Prozesse sind grundlegend gleich, doch gibt es im Detail gravierende Unterschiede und vor allem völlig unterschiedliche Lebensumstände. Wie sieht es mit der körperlichen Betätigung aus? Müssen wir in unserem Beruf körperlich schwer arbeiten, haben wir eine vorwiegend geistige Tätigkeit, gibt es Unverträglichkeiten gegenüber einzelnen Lebensmitteln, wie sieht unsere erbliche Veranlagung aus, oder haben wir Krankheiten oder Verletzungen welche unseren Alltag beeinflussen? Dies sind nur ein paar Beispiele die zeigen, wie unterschiedlich wir sind und doch glauben wir, dass wenn wir alle das Gleiche machen, das gleiche Resultat erhalten. Wenn ein ambitionierter Hobbysportler, wir nehmen exemplarisch einen Fußballer, beginnt exakt das gleiche Trainingsprogramm zu absolvieren wie Christiano Ronaldo und täglich zur selben Zeit die gleichen Mahlzeiten zu sich nimmt, müsste er doch im Laufe der Zeit aussehen und Fußball spielen wie sein Vorbild. Wenn dem so wäre, hätten wir vermutlich in kürzester Zeit tausende Ronaldos auf der ganzen Welt und einer der Ausnahmesportler in der

Fußballgeschichte wäre nicht länger ein solcher, denn er wäre nur noch einer von Tausenden. Hatte Österreich tatsächlich nur einen einzigen Menschen, der richtig trainierte und so zu einer lebenden Legende im Bodybuilding wurde? Eine ganze Generation an Fitnessfanatikern auf der ganzen Welt hat seine Trainingspläne studiert und bis zur kleinsten Bewegung imitiert und doch gibt es nur einige wenige, die einen ähnlichen Körperbau erreichen konnten.

Lassen Sie sich nicht über einen Kamm scheren, denn nur Sie sind so wie Sie! Lassen Sie sich nicht von leeren Versprechungen blenden, denn am Ende stehen Sie bitter enttäuscht und ohne dem erhofften Ergebnis vor dem Spiegel und wissen Sie was… der Prediger macht mit dem Nächsten bereits weiter! Meine Worte mögen jetzt vielleicht hart erschein, doch leider bekommen die Enttäuschten, jene bei denen das versprochene Wundermittel nicht funktioniert hat, kein Gesicht im Fernsehen, den sozialen Medien oder im nächsten Video des YouTubers, dessen 4-Wochen-Plan nicht funktioniert hat. Zu sehen sind immer nur Kopien des Predigers, Gleichgesinnte die problemlos das Ziel erreicht haben. Um es ganz konkret zu sagen, Sie werden getäuscht, Ihnen werden falsche Hoffnungen gemacht und keinen dieser Prediger interessiert es, wie es Ihnen dabei geht.

Ich behaupte nicht, dass alle exemplarisch angesprochenen so sind, doch ist es in dieser schier überwältigenden Flut an „Experten" für Personen, welche sich nicht jahrelang mit einem Thema befassen, praktisch unmöglich zu filtern, welche Quelle vertrauenswürdig ist und welche nicht. Einige wiegen Sie mit einer Liste von Titeln und Qualifikationen, Dr. Mag. MSC, BSC, Univ. Prof….., andere mit einer Million

Follower oder dem fünften Bestseller in Folge, in Sicherheit. Zu viele versuchen einfach nur mit der Hoffnung und dem Wusch derer, die es alleine nicht geschafft haben, so auszusehen wie sie wollen, Geld zu verdienen. Wenn der Betreiber des Fitnesscenters so überzeugt davon wäre, dass Sie in 30 Tagen Ihre Wunschfigur erreicht haben, wieso können Sie Ihre Mitgliedschaft dann erst nach 6, 12, oder gar 24 Monaten kündigen? Oder der Influencer welcher jeden zweiten Tag ein neues „bestes Workout" präsentiert. Wieso zeigt er nicht einmal das tatsächlich Beste und beendet dann seine Sozial-Media-Karriere? Weil sie alle damit Geld verdienen wollen. Sie wollen nicht, dass Sie ihr Ziel schnell erreichen und schon garnicht, dass es leicht und für jeden verständlich ist. Man soll das Gefühl bekommen, im nächsten Beitrag kommt eine noch wichtigere Information. Nur so sorgen sie dafür, dass Sie immer wieder zusehen, immer wieder konsumieren und immer wieder hoffen. Es gibt die positiven Ausnahmen, doch zu hoffen auf diese zu treffen, kann unter Umständen länger dauern, als Sie bereit sind zu warten.

Meine Hoffnung ist, dass Sie mich von dieser Zeile an genauso kritisch betrachten und ganz genau darauf achten, ob ich einer dieser Prediger bin. Versuche ich Ihnen etwas zu verkaufen, versuche ich Sie zu täuschen, oder versuche ich tatsächlich, einen für Sie praktikablen Weg zu finden? Sie haben bestimmt schon viel über Ernährung und Sport gelesen oder gesehen. Vergleichen Sie ganz bewusst, ob ich Ihnen das nächste Wundermittel andrehen möchte. Alles was ich Ihnen im Laufe des Buches zum Ausdruck bringen werde, ist meine persönliche Überzeugung und deckt sich nicht zwangsläufig mit den weithin gängigen Meinungen zu Ernährung, Sport, Übergewicht und innerer Haltung. Ein gesunder und leistungsfähiger Körper in dem man sich wohl fühlt, passt in keine Schablone und ist auch nichts, was man einfach so über Nacht geschenkt bekommt. Sie sollen verstehen, wie Sie ihn formen, erhalten und pflegen können, ohne sich auf dubiose Strategien oder Mittelchen verlassen zu müssen. Um ein Leben lang fit und, so weit beeinflussbar, gesund zu bleiben, brauchen Sie eine Strategie, eine Routine die Sie irgendwann völlig automatisch, ohne darüber nachzudenken im täglichen Leben, umsetzen. Dies umfasst nicht nur die Auswahl der Lebensmittel die Sie täglich zu sich nehmen, sondern auch die Bewegung und die Sporteinheiten die Sie in Ihren individuellen Tagesablauf integrieren. Ganz persönlich und auf Sie zugeschnitten, ohne die bereits angesprochene Schablone. Was meine ich mit Schablone? Das viele Jahre gängige Optimalmaß einer Frau waren die berühmten 90-60-90. Wenn man heutige Models betrachtet, bewegen wir uns jedoch schon im Bereich 84-60-89. Also ist die Schablone für Models im Laufe der Jahre um sechs Zentimeter beim Brustumfang und einen Zentimeter beim Hüftumfang geschrumpft. Ob diese Entwicklung positiv zu betrachten ist, stelle ich massiv in Frage, aber Fakt ist, dies gilt als neuer Standard. Stellen Sie sich nun ein Blatt Papier mit zwei Metern Höhe und einem Meter Breite vor. In der Mitte ist die Silhouette einer Frau mit exakt diesen Maßen und einer Körpergröße von 1,65 m ausgeschnitten. Wieviele Frauen kennen Sie persönlich, die genau durch diesen Ausschnitt passen? Vermutlich genau so viele wie ich, keine bis sehr wenige. Nehmen wir das männliche Pendant dazu. Was ist hier das ideale Standardmaß? Dicke Oberarme, eine volle Heldenbrust und natürlich ein durchtrainiertes, gut definiertes Sixpack. Zu schmächtig sollen die Herren der Schöpfung genauso wenig sein wie zu rund. Wenn Sie das nächste Mal im Freibad, am See, am Meer, oder wo auch immer Sie die Prachtkörper Ihrer Mitmenschen bewundern können, sind, betrachten Sie diese einmal ganz nüchtern und objektiv. Passen diese Männer und Frauen in die Schablobe oder entspricht nur ein sehr geringer Teil diesem Ideal. Um es nochmals zu verdeutlichen, wenn Sie das nächste Fußballspiel von Hobby- oder Amateursportlern verfolgen, erfüllen diese Spieler alle das Idealbild eines Fußballers vom Format eines Ronaldo oder Messi? Nein, ganz sicher nicht, denn nur ein sehr kleiner Teil schafft den Sprung an die Spitze. Doch wenn es um die Form und Erscheinung unseres Körpers geht, halten wir krampfhaft fest daran aussehen zu müssen wie ein griechischer Gott. Wir kommen gar nicht auf die Idee, dass ein so trainierter Körper nicht für jeden machbar ist. Damit meine ich nicht die biologische Voraussetzung, denn die hat jeder gesunde Mensch, ich meine damit nicht machbar aufgrund des Aufwandes, der Lebensumstände und persönlichen Prioritäten.

Fit und durchtrainiert ist man nicht automatisch, es ist harte Arbeit!

Bevor Sie sich also nach einem solch athletischen Körper sehnen, fragen sie sich selbst, ob Sie dazu bereit sind, täglich dafür zu arbeiten. Ab einem gewissen Punkt muss nämlich alles passen, um Fortschritte zu erzielen oder das erschaffene Meisterwerk lange zu bewahren. Sie müssen konsequent das richtige essen, hart und vor allem regelmäßig trainieren und ausreichend schlafen um sich von den Strapazen des Trainings wieder zu erholen. Wenn Sie dazu bereit sind, dann starten Sie durch und jammern dann aber nicht, dass es schwer ist. Große Erfolge sind immer schwer zu erreichen!

Ich hoffe, ich habe Sie jetzt nicht zu sehr desillusioniert, jedoch habe ich Ihnen ja versprochen, ehrlich zu sein, auch wenn es weh tut. Doch nun kommen wir zur guten Nachricht: „Es gibt aber ein gesundes und durchaus ansehnliches Mittelmaß"

Mir ist bewusst, dass sich das Wort „Mittelmaß" für viele nicht besonders reizvoll anhört, doch betrachten wir doch einmal die Datenlage. Laut einem Bericht der WHO (world health organization) hat sich die Rate der Fettleibigkeit von 1975 bis 2016 fast verdreifacht. Im Fettleibigkeitsbericht 2022 der WHO ging ebenfalls hervor, dass die Hälfte der Bevölkerung bereits übergewichtig sei.

Country	Overweight (including obesity) [a]			Obesity [a]		
	Both sexes	Males	Females	Both sexes	Males	Females
Albania	57.7	64.4	51.1	21.7	21.6	21.8
Andorra	63.7	70.3	56.9	25.6	25.9	25.3
Armenia	54.4	54.2	54.4	20.2	17.1	23.0
Austria	54.3	61.8	46.8	20.1	21.9	18.3
Azerbaijan	53.6	52.9	54.1	19.9	15.8	23.6
Belarus	59.4	62.6	56.3	24.5	22.1	26.3
Belgium	59.5	67.6	51.4	22.1	23.1	21.0
Bosnia and Herzegovina	53.3	59.7	47.0	17.9	17.1	18.4
Bulgaria	61.7	68.9	54.4	25.0	25.5	24.3
Croatia	59.6	66.2	53.0	24.4	24.1	24.5
Cyprus	59.1	65.2	52.7	21.8	21.9	21.6
Czechia	62.3	69.5	55.0	26.0	26.4	25.4
Denmark	55.4	63.6	47.3	19.7	22.3	17.0
Estonia	55.8	59.6	51.9	21.2	20.3	21.8
Finland	57.9	65.6	50.0	22.2	23.7	20.6
France	59.5	66.9	52.2	21.6	22.0	21.1
Georgia	54.2	54.6	53.5	21.7	19.2	23.8
Germany	56.8	64.9	48.5	22.3	24.2	20.4
Greece	62.3	68.2	56.2	24.9	24.2	25.4
Hungary	61.6	69.6	53.8	26.4	28.2	24.6
Iceland	59.1	67.5	50.5	21.9	24.2	19.4
Ireland	60.6	66.1	55.2	25.3	25.1	25.5
Israel	64.3	70.9	57.8	26.1	25.9	26.2
Italy	58.5	65.3	51.5	19.9	20.1	19.5
Kazakhstan	53.6	54.3	52.6	21.0	18.9	22.7
Kyrgyzstan	48.3	47.4	48.8	16.6	14.0	18.6
Latvia	57.8	60.9	54.9	23.6	21.6	25.1
Lithuania	59.6	62.6	56.5	26.3	24.2	27.8
Luxembourg	58.7	66.8	50.6	22.6	24.5	20.7
Malta	66.4	73.0	59.6	28.9	29.2	28.5
Monaco	–	–	–	–	–	–
Montenegro	59.4	66.3	52.5	23.3	23.3	23.1
Netherlands	57.8	65.4	50.2	20.4	20.8	20.0
North Macedonia	58.1	64.9	51.2	22.4	22.6	22.1
Norway	58.3	65.0	51.4	23.1	23.6	22.5
Poland	58.3	65.6	51.1	23.1	23.7	22.2
Portugal	57.5	63.1	52.0	20.8	20.3	21.2
Republic of Moldova	51.8	53.5	50.1	18.9	16.2	21.1
Romania	57.7	64.3	51.1	22.5	23.4	21.6
Russian Federation	57.1	58.2	55.7	23.1	18.1	26.9
San Marino	–	–	–	–	–	–
Serbia	57.1	63.8	50.5	21.5	21.1	21.8
Slovakia	56.2	63.6	48.8	20.5	21.0	19.9
Slovenia	56.1	62.1	49.9	20.2	19.4	21.0
Spain	61.6	68.9	54.1	23.8	24.6	22.8
Sweden	56.4	64.2	48.5	20.6	23.1	18.1
Switzerland	54.3	62.6	45.9	19.5	22.2	16.9
Tajikistan	45.3	44.2	46.3	14.2	11.6	16.7
Turkey	66.8	64.0	69.3	32.1	24.4	39.2
Turkmenistan	51.8	52.0	51.5	18.6	15.9	20.9
Ukraine	58.4	61.4	55.5	24.1	22.0	25.7
United Kingdom	63.7	68.6	58.9	27.8	26.9	28.6
Uzbekistan	48.2	47.3	48.9	16.6	13.8	19.0
WHO European Region	**58.7**	**62.9**	**54.3**	**23.3**	**21.8**	**24.5**

a Overweight is defined as BMI > 25 kg/m² and obesity is defined as BMI > 30 kg/m².
–: no data available.

Quelle: WHO European Regional Obesity Report 2022

Angesichts dieser Entwicklung halte ich also das vorhin angesprochene Mittelmaß für ein Ziel, welches äußerst erstrebenswert ist. Irgendwo zwischen „all" den durchtrainierten Sportskanonen, den Untergewichtigen und den stark adipösen, genau dort können Sie als gesunder, fitter Mensch liegen. Hört sich Mittelmaß noch immer so negativ an für Sie? Wenn ja, dann kann ich Ihnen noch einen Input mitgeben, der Sie vielleicht motiviert: Sobald Sie das Mittelmaß erreicht haben, ist es Ihre Entscheidung in welche Richtung Sie weiter gehen! Wenn Sie sich im Moment eher bei den stark Übergewichtigen befinden und sie wollen aussehen wie eine römische Statue, dann führt Ihr Weg entweder direkt über das Mittelmaß, oder sie machen einen Umweg in Richtung Untergewicht. Die folgende Grafik soll verdeutlichen, wo Sie derzeit stehen und welche Wege Sie einschlagen können.

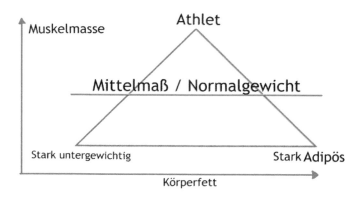

Körperzusammensetzung

Wie in der Abbildung zu sehen ist, befindet sich der athletische Körper im mittleren Bereich der Körperfettskala. Er setzt sich aus einer guten Menge an magerer Muskelmasse und einem gesunden Körperfettanteil zusammen.

In den folgenden Kapiteln werden wir noch genauer auf die optimale Körperzusammensetzung eingehen, betrachten, welche Auswirkungen sowohl Muskel- als auch Fettmasse auf den Körper haben und wie Sie Ihre Ernährung, Ihr Training und Ihr Mindset optimal gestalten.

Ich werde Ihnen keinen Ernährungsplan schreiben und würde Sie auch eindringlich bitten, sich nicht an irgendeinen solchen Plan zu klammern, denn auch das ist langfristig nicht machbar und wird über kurz oder lang zu einer Belastung und schlussendlich auch wieder beendet. Auch möchte ich nicht, dass Sie nach einem vorgegebenen Plan trainieren, vor allem nicht nach einem der nicht auf Sie persönlich zugeschnitten ist. Machen Sie nicht den Fehler nach einem Trainingsplan aus dem Internet, einem Fitnessinfluencer oder einer Zeitschrift zu trainieren, denn all diese Pläne wurden nicht für Sie erstellt, sondern für ..... tja, für wen auch immer.... Vielleicht für den Ersteller selbst!? Damit meine ich nicht, dass Sie völlig planlos irgendwelche Übungen machen, ohne Anleitung und ohne Dokumentation. Ganz im Gegenteil! Lassen Sie sich von einem geschulten Trainer, ACHTUNG nicht alle Mitarbeiter oder durchtrainierte Kunden in einem Fitnesscenter und schon gar nicht alle Prediger auf diversen social media Kanälen, sind geschulte Trainer, alle Übungen genau erklären und dokumentieren Sie diese in einem Trainingstagebuch. Trainieren und essen Sie jedoch nicht nach dem Plan eines anderen, wenn er diesen Plan nicht genau für Sie gemacht hat. Was für den einen passt, passt sicher nicht genauso gut zum anderen.

Nehmen wir als Vergleich einen Maßanzug. Eine Person wird von einem professionellen und geübten Schneider penibel vermessen, es wird der perfekte Stoff für den entsprechenden Anlass oder Einsatzzweck ausgewählt und dann in Perfektion geschneidert, damit das Endprodukt zu einhundert Prozent zu seinem Träger passt.

Betrachten Sie also von nun an Ihren Trainings- und Ernährungsplan als Maßanzug. Vertrauen Sie ihn nur einem Profi an der auch die perfekten Übungen und Lebensmittel auswählt. Dies ist eine gute Methode für all jene, die sich nicht lange und intensiv mit dem Thema befassen wollen und statt dessen lieber auf die Expertise anderer zurückgreifen. Mit diesem Buch möchte ich Ihnen jedoch alles mitgeben was Sie benötigen um nicht abhängig zu sein von anderen. Dass Sie verstehen wie Ihr Körper funktioniert, was er braucht, was ihm schadet und was Sie beachten sollten, um Ihr Ziel zu erreichen.

Damit legen wir direkt los und definieren zu Beginn einige Begriffe.

1. Begriffserklärung

1.1 Was bedeutet Übergewicht?

Per Definition ist eine Person dann übergewichtig sobald der Körperfettanteil, abhängig von Geschlecht, Körpergröße und Alter, ein gesundes Maß übersteigt.

Für die Einordnung in welchem Ausmaß ein Übergewicht vorliegt, wird meist der sogenannte BMI (Body Mass Index) verwendet. Liegt dieser über einem Wert von 25 spricht man von Übergewicht und ab einem Wert von 30 von Adipositas, also starkem Übergewicht. Da der BMI bei den Wertermittlungsdaten jedoch nicht zwischen Muskelmasse und Fettmasse unterscheidet, kommen häufig auch noch weitere Methoden zur Anwendung. Hierzu werden beispielsweise der Taillenumfang oder der Körperfettanteil gemessen um präzisere Aussagen treffen zu können. Ab einem BMI von 25 empfehle ich grundsätzlich den Taillenumfang zu messen. Hier spricht man bei Frauen ab einem Bauchumfang von 80 cm von einem gesundheitlich bedenklichen Bauchumfang und ab 88 cm von einer bauchbetonten Adipositas. Bei Männern liegen die Werte bei 94 cm und 102 cm. Wenn Sie also ein 188 cm großer und 108 kg schwerer Bodybuilder (dies sind die Maße von Arnold Schwarzenegger in seiner Bestform!) sind, dann hat der BMI für Sie absolut keine Relevanz. Eine Person mit gleicher Größe und Gewicht kann jedoch auch völlig anders aussehen. Falls Sie sich unsicher sind, ob Sie eher die Figur eines Bodybuilders, oder überspitzt formuliert, eines Sumoringers haben, dann sind Sie vermutlich genau dazwischen. In diesem Fall würde ich Ihnen dazu raten eine Körperfettmessung durchführen zu lassen.

BMI Tabelle

BMI Tabelle Frauen

Alter	Untergewicht	Normalgewicht	Übergewicht	Adipositas	Starke Adipositas
19-24	< 18	18-24	24-29	29-39	< 39
25-34	< 19	19-25	25-30	30-40	< 40
35-44	< 20	20-26	26-31	31-41	< 41
45-54	< 21	21-27	27-32	32-42	< 42
55-64	< 22	22-28	28-33	33-43	< 43
< 64	< 23	23-29	29-34	34-44	< 44

BMI Tabelle Männer

Alter	Untergewicht	Normalgewicht	Übergewicht	Adipositas	Starke Adipositas
19-24	< 19	19-25	25-30	30-40	< 40
25-34	< 20	20-26	26-31	31-41	< 41
35-44	< 21	21-27	27-32	32-42	< 42
45-54	< 22	22-28	28-33	33-43	< 43
55-64	< 23	23-29	29-34	34-44	< 44
< 64	< 24	24-30	30-35	35-45	< 45

1

Der BMI wird wie folgt berechnet:

Körpergewicht in kg/ (Körpergröße in m x Körpergröße in m)

Z.B.: 100/ (1,82 x 1,82)= 30,2

1.2 Was bedeutet Adipositas?

Adipositas ist die Bezeichnung einer chronischen Krankheit die eine über das Normalmaß hinausgehende Vermehrung des Körperfettes zur Folge hat. Bei der Entstehung einer Adipositas oder im Volksmund auch oft als Fettleibigkeit oder Fettsucht bezeichnet, spielt der Überschuss an zugeführten Kalorien eine maßgebliche Rolle. Wenn mehr Energie in Form von Nahrung und Getränken aufgenommen als über Bewegung verbraucht wird, beginnt der Körper die überschüssige Energie in Form von Fettzellen zu speichern.
Die Produktion neuer Fettzellen ist insofern als äußerst problematisch zu sehen, da der Körper praktisch unbegrenzt Fettzellen anlegen kann, diese aber auch durch eine Diät nicht wieder verschwinden. Dies hat zur Folge, dass einmal angelegte Zellen zwar durch ein Kaloriendefizit entleert und somit geschrumpft werden können, aber bei Kalorienüberschuss sehr schnell wieder gefüllt werden. Die einzige Möglichkeit diese Zellen tatsächlich wieder loszuwerden ist eine Fettabsaugung, da hier die Fettzellen mechanisch aus dem Körper entfernt werden. Sie können sich Fettzellen wie Einkaufstaschen vorstellen. Wenn Sie jeden Tag in den Supermarkt gehen und an der Kasse eine neue Tasche kaufen, haben Sie nach einigen Jahren vermutlich einen ganzen Schrank voll mit Einkaufstaschen. Sie können die Taschen zu Hause zwar entleeren, aber sie bleiben für immer erhalten. Sie wegzuwerfen wäre die einzige Möglichkeit, was mit der Fettabsaugung zu vergleichen wäre. Deshalb möchte ich dringend empfehlen, lassen Sie es erst garnicht so weit kommen.

Mit fortschreibendem Maß der Adipositas steigt auch das Risiko von Folgeerkrankungen und auftretender Beschwerden. Diese reichen von Bluthochdruck, Kurzatmigkeit, hormonellen Störungen, Gelenkbeschwerden, Fehlstellungen in Hüfte, Schultergelenk und Wirbelsäule bis hin zu Typ-2-Diabetes und einem erhöhten Herzinfarkt- und Krebsrisiko. Als besonders bedenklich ist das Fett welches im Bauchbereich eingelagert wird zu erachten. Die über die Jahre gewachsenen sichtbaren Fettpolster mögen zwar als störend oder unästhetisch angesehen werden, doch das eigentliche Problem verbirgt sich unsichtbar darunter. Jenes Fettgewebe welches die Organe umgibt und im Bachraum liegt. Es nennt sich viszerales Fett und ist im Gegensatz zum subkutanen, also unter der Haut liegenden Fett, äußerst stoffwechselaktiv. Es gibt permanent Fettsäuren ins Blut ab, die dort jedoch nicht gebraucht werden. Außerdem besitzt es rund 200 Botenstoffe und Entzündungsmoleküle, welche einen starken, negativen Einfluss auf den Hormonhaushalt haben.

2. Was ist das Ziel?

Wer kein Ziel hat, wohin er will, muss damit rechnen, dass er dort ankommt, wohin er nicht wollte oder enttäuscht ist, wo er angekommen ist.

Erfolgreiche Menschen sind nicht nur deshalb so erfolgreich, weil sie hart arbeiten, sondern weil sie ganz genaue Ziele haben, die sie erreichen wollen. Sie haben die Ziele so verinnerlicht, dass es für diese Menschen undenkbar ist, dass sie diese Ziele nicht erreichen.

Die Meisten begehen den Fehler ihre Ziele nicht als ersehnten Zustand zu definieren, sondern aus einer Sammlung an Zuständen die sie NICHT wollen. „Ich will NICHT dick sein…" ; „Ich will NICHT nach 5 Stufen außer Atem sein…"; „Ich will NICHT Diabetiker werden…"!

NICHT, ist ein Zustand den unser Gehirn nicht verarbeiten oder visualisieren kann!

Was ich damit meine?

Lassen Sie es mich veranschaulichen:

Versuchen Sie jetzt NICHT an eine tropische Insel mit rosa Elefanten zu denken!

…. … na, haben Sie die Elefanten unter den Palmen am Sandstrand kurz vor Ihrem geistigen Auge gehabt?

Wenn Sie also jetzt nochmals die vermeintlichen Ziele von vorhin lesen, lassen Sie alle NICHT weg und sie sehen, was Ihr Gehirn als Ziel für Sie abgespeichert hat! Das war wohl das Gegenteil von dem was Sie wollten, oder?

Wenn Sie also von nun an Ziele definieren, dann konkrete und für Ihr Gehirn darstellbare! Dies betrifft im Übrigen jeden Lebensbereich. Berufliche Ziele sollten beispielsweise konkreter definiert sein als: „Ich will NICHT so wenig verdienen". Besser wäre zu sagen: „Ich will € 3.000,- pro Monat verdienen".

Dies ist ein Ziel, aber noch kein konkretes! Konkret wird es erst, sobald Sie es mit einem Datum versehen, denn sonst kann es passieren, dass Sie in 10 Jahren bitter enttäuscht sind, weil sie noch immer erst € 2.500,- pro Monat verdienen. Aber Sie haben sich ja kein Datum als Ziel gesetzt und somit wäre das Ziel ja auch erreicht, wenn Sie es in 15 Jahren erreicht haben.

Weiters ist die Formulierung „ich will…" nicht sehr vorteilhaft für Ihre innere Haltung. Wollen bedeutet für Ihr Gehirn soviel wie: „Es wäre zwar sehr schön, aber ich glaube nicht, dass ich das schaffe". Es soll kein Wusch, sondern ein Ziel werden! Seien Sie selbstbewusst, denn wenn Sie schon von Anfang an zweifeln, wird es um so schwerer! „Ich WERDE…" sollte von nun an in Ihrem Kopf verankert sein!

Um im Beispiel zu bleiben, hier die neue Formulierung Ihres Ziels: „ Ich werde mit Ende nächsten Jahres monatlich € 3.000,- verdienen". Das hört sich doch schon um einiges selbstsicherer an! Glauben Sie an sich und Ihr Ziel und lassen Sie keinen Zweifel aufkeimen, Sie könnten es nicht erreichen. Sollten Sie auf Ihrem Weg einen Rückschlag erleiden, nehmen Sie diesen genau als solchen. Es ist nur ein Rückschlag, nicht das Ende. Am Ende gibt es nur eines und das ist Ihr Ziel!

Zu guter Letzt gilt es nur noch eines zu beachten, Ihr Ziel muss ambitioniert, aber nicht unrealistisch sein.

3. Was können Sie erwarten?

Was können Sie **realistisch** erwarten?

Sie befinden sich also in einem BMI Bereich von 30-35. Etwas darüber, oder darunter, aber in dieser Größenordnung. Wir nehmen an, Sie haben einen exakten Wert von 30 und Sie definieren als Ziel: „Ich werde Ende nächsten Jahres einen BMI von 29 erreicht haben". Dieses Ziel ist zwar konkret definiert und sicher auch realistisch, aber keineswegs ambitioniert. Wenn Sie hingegen den Wert 12 anpeilen, sind Sie zwar äußerst ambitioniert, aber fern ab der Realität. Natürlich werden Sie sich jetzt fragen, woher Sie wissen sollen, was realistisch und was ambitioniert ist. Hier ist es wichtig, die Funktionsweise des Körpers zu verstehen. Wann nimmt man zu, wann ab, wann baut man Muskelmasse auf und wann verliert man sie? All dies zu verstehen wird Ihnen helfen, jeden Tag genau zu wissen, wann Sie welche Lebensmittel zu sich nehmen sollten um den gewünschten Effekt zu erzielen und wie Sie Ihr Training anlegen müssen um maximale Ergebnisse zu erreichen. Ohne dieses Wissen werden Sie ewig abhängig sein vom

Wissen oder schlimmer noch Halbwissen anderer. Dann laufen Sie Gefahr, dass Sie an einen Prediger geraten und ihm alles glauben, denn Sie können es ja nicht widerlegen und Sie können auch nicht erkennen, ob er für Sie spricht oder doch nur für sich selbst.

3.1 Wie nimmt man ab?

Sehr oft bekommt man als Antwort auf diese Frage: „Weniger essen", oder „Gesünder essen", oder mein Lieblingssatz: „Mehr Sport treiben".

All diese Sätze sind sogenannte Halbwahrheiten. Sie sind in meinen Augen noch gefährlicher als Lügen, denn man erkennt sie meist viel schwieriger. Das Tückische ist nämlich, dass sie allesamt wahr sind, aber eben nicht die ganze Wahrheit. Nehmen wir hier das Beispiel: Weniger essen.

Zum einen weiß der Sender dieser Halbwahrheit vermutlich garnicht wieviel Sie essen, was im Übrigen selten der Grund ist, wieso man nicht abnimmt, zum anderen ist zu wenig Nahrung oft ein Grund, wieso man nicht abnimmt. Der Körper interpretiert den Mangel als Notsituation und verlangsamt den Stoffwechsel. Alles was an Nährstoffen zugeführt wird, versucht der Körper zu speichern. Des Weiteren ist es nur sehr schwer möglich zu viel von „guten" Lebensmitteln zu essen. Ein Kaloriendefizit ist eine Grundvoraussetzung damit Fett abgebaut wird, denn der Körper verwendet das Depotfett als Energiespeicher. Wenn also aufgrund reduzierter Kalorienzufuhr ein Mangel an Energie vorliegt, wird dieses Fett verwendet, um die Lücke zu schließen und man nimmt ab. Doch hier ist Vorsicht geboten, denn ist das Kaloriendefizit, also der Energiemangel zu groß, wird nicht nur Fett, sondern auch wertvolle Muskelmasse zur Energiegewinnung verbrannt. Dies führt längerfristig zu Problemen, denn mit der verlorenen Muskulatur sinkt auch der Grundumsatz, also der Energieverbrauch im Ruhezustand. Muskeln verbrauchen sehr viel Energie und dies sollten Sie sich möglichst zu Nutze machen.

Um in einem gesunden Tempo abzunehmen, ist es somit ratsam nur ein moderates Kaloriendefizit zu halten. Moderat liegt im Bereich von etwa 500 Kalorien. Ein durchschnittlicher Mann verbraucht ungefähr 2.500, eine durchschnittliche Frau etwa 2.000 Kalorien pro Tag. Dies sind jedoch nur Richtwerte, denn der tatsächliche Verbrauch hängt von vielen Faktoren ab und dient somit mehr der Veranschaulichung. Ein Kilogramm Fett hat eine Kaloriendichte von 7.000 Kalorien. Somit können Sie mit einem täglichen Defizit von 500 kcal etwa 2 kg pro Monat oder 24 kg pro Jahr abnehmen.

Zu Beginn Ihrer Ernährungsumstellung und des Trainings kann die Gewichtsabnahme durchaus größer sein, im Verlauf des Jahres zwischenzeitlich vielleicht geringer, aber ein realistischer Mittelwert sind diese 2 kg pro Monat. Das kommt Ihnen zu wenig vor und Sie haben schon von Leuten gehört, dass sie doppelt so viel in dieser Zeit abgenommen haben? Dazu meine Fragen: „Haben Sie diese Person selbst gesehen, hat diese Person ihr neues Gewicht gehalten und glauben Sie, dass ein derart schneller Gewichtsverlust für Ihren Körper gut ist?" Wenn Sie auch nur eine dieser Fragen mit nein beantwortet haben, dann seien Sie beruhigt, Sie machen es besser, nachhaltiger, gesünder und vor allem intelligenter!

In diesem Zusammenhang möchte ich gleich noch einen weit verbreiteten Irrglauben beseitigen der sich aufgrund vieler Prediger hartnäckig hält. Fett kann nicht gezielt an einzelnen Körperstellen abgebaut werden! Sie können nicht nur am Bauch, oder nur an den Hüften, oder an den Oberschenkeln, oder wo auch immer abnehmen. Es ist schlichtweg nicht möglich oder haben Sie auch gezielt genau dort zugenommen? Unser Körper entscheidet selber, wo er die Fettreserven anzapft und an dieser Entscheidung können weder Sie, noch ich, noch ein Prediger etwas ändern. Die bittere Wahrheit sieht leider so aus, dass die hartnäckigen Fettpolster, welche auch als erstes entstanden sind, zuletzt verschwinden. Bei Männern ist dies meistens in der Bauchregion, bei Frauen im Bereich der Hüfte und der Oberschenkel. Nur wenn Sie durchhalten und hartnäckig bleiben, werden diese verschwinden. Nicht umsonst werden sie Problemzonen genannt. Die Entstehung dieser lokalen Fettreserven beginnt schon in einem Stadium, wo noch lange niemand von Übergewicht, geschweige denn von Adipositas spricht. Selbst eigentlich dünne Menschen beklagen sich häufig über diese Erscheinung. Bei diesen Personen ist es dann besonders wichtig, nicht mit einer Blitzdiät zu starten, denn sie laufen schnell Gefahr regelrecht ungesund und abgemagert auszusehen, denn auch hier verschwindet mit dem Fettgewebe eine beträchtliche Menge Muskelmasse. Wenn schon von Beginn an nicht viel davon vorhanden war, kann dies zu einem echten Problem werden. Somit sollten dünne, nicht besonders muskulöse Menschen mit Problemzonen, im ersten Schritt beginnen Muskeln aufzubauen, denn oft ist dies alleine schon ausreichend um die Depots zum schmelzen zu bringen.

Als Abschluss zu diesem Kapitel möchte ich Ihnen noch eine Frage stellen und bitte beantworten Sie diese ehrlich für sich selbst:

„Wie lange hat es gedauert, bis Sie Ihr aktuelles Gewicht hatten?" und „Wieso glauben Sie, dass es innerhalb weniger Monaten wieder verschwunden ist?"

3.2 Wie baut man Muskelmasse auf?

Hier noch eine ergänzende Frage, die ich ebenfalls in diesem Abschnitt beantworten werde: „Wieso sollten Sie Muskelmasse aufbauen?"

Um zu verstehen, wieso es beim Abbau von Fett hilfreich ist Muskelmasse aufzubauen, müssen wir in der Geschichte des Menschen bis zu seiner Entstehung zurückreisen. Unser Körper ist ein absolutes Wunderwerk in seiner Funktionsweise, denn er schafft es sehr effizient sich an äußere Umstände anzupassen. Wenn es kalt ist zittert er, um Wärme zu erzeugen, wenn es heiß ist, schwitzt er um sich durch die Verdunstungskälte zu kühlen und wenn er wenig Nahrung bekommt, versucht er alles was er bekommt für schlechte Zeiten zu speichern.

Muskulatur verbraucht permanent Energie. Auch im Ruhezustand muss ein Kilogramm Muskelmasse mit 100 kcal in 24 Stunden versorgt werden. Bei 5 kg zusätzlicher Muskelmasse müssen wir also 500 kcal pro Tag bereitstellen um sie zu versorgen. Wenn wir dies jetzt aus biologischer Sicht eines Steinzeitmenschen betrachten, ist es auch nachvollziehbar, wieso unser Körper nicht unbedingt zu viel Muskelmasse aufbauen will. Er wusste nämlich nicht, wann er die nächsten Nährstoffe, also die nächste Mahlzeit bekommt. Es war nicht möglich, in regelmäßigen Abständen eine ausgewogene Nährstoffversorgung zu gewährleisten. Daher passte sich der Körper an und baute nur soviel Muskelmasse auf, wie unbedingt nötig war, um zu jagen und zu überleben. Jedes zusätzliche Kilo hätte versorgt werden müssen und die Überlebenschancen einfach minimiert. Dieser Effekt ist bis heute unverändert geblieben. Unser Körper versucht mit so wenig Muskulatur wie möglich auszukommen. Wenn wir muskulöser werden wollen, müssen wir unseren Körper regelrecht dazu zwingen und ihn so gut versorgen, dass er niemals denkt in eine Notlage kommen zu können. Fett zu speichern ist für den Körper sehr einfach und effizient, daher wird er es immer wieder versuchen und wir müssen wissen, wie wir ihn daran hindern. Daher muss unser Fokus stets darauf liegen, Muskelmasse aufzubauen, zu erhalten und Fettspeicherung zu vermeiden. Dies geling durch eine Kombination aus richtiger Ernährung, effektivem Training und ausreichenden Regenerationszeiten.

Die Grundvoraussetzung für Muskelaufbau ist Krafttraining. Ohne einer Belastung, welche den Muskel über ein alltägliches Maß hinaus fordert, wird dieser nicht wachsen.

Dies kann über unterschiedliche Trainingsmethoden erreicht werden, wobei auch Kombinationen durchaus möglich und sinnvoll sind. Wir werden uns im Kapitel Training mit den wichtigsten Methoden beschäftigen, um zu verstehen wie wir mit möglichst geringem Zeitaufwand einen maximalen Erfolg erzielen. Es ist leider nach wie vor ein weit verbreiteter Irrglaube, dass der Muskel beim Training wächst. Dies mag vielleicht so den Anschein haben, da unsere Muskulatur während der Belastung anschwillt und dieser Zustand bis zu einigen Stunden danach auch anhält, dies ist jedoch kein nachhaltiges Wachstum, sondern lediglich eine temporäre Erscheinung die auf den erhöhten Blutfluss zurückzuführen ist. Dieser Blutfluss ist jedoch von großer Bedeutung, denn mit dem Blut werden auch die für den Aufbau benötigten Nährstoffe wie Aminosäuren und Proteine transportiert. Das eigentliche Wachstum findet aber erst in der Regenerationszeit statt. Wenn Sie um 17:00 trainieren und um 19:00 den Körper mit Nährstoffen versorgen, dann wird er in der Nacht, wenn Sie schlafen, wachsen. Denn nur in Zeiten der Ruhe findet Muskelwachstum statt. Durch intensives Krafttraining wird der Muskel gezielt beschädigt. Diese Schäden werden durch biochemische Prozesse mit Proteinen wieder repariert und die Muskeln somit stärker und dicker. Kohlehydrate dienen wiederum als Treibstoff um schnell Leistung bringen und intensiv trainieren zu können. Somit ist es von größter Bedeutung zur richtigen Zeit die richtige Art und Menge an Nährstoffen aufzunehmen. Nur wenn Sie es schaffen hier eine Balance zwischen Training, Nahrungsaufnahme und Regeneration zu finden, werden Sie maximale Ergebnisse erzielen. Da der Aufbau von Muskelgewebe relativ langsam passiert, ist es wichtig Geduld zu haben. Nur wenn Sie über einen längeren Zeitraum regelmäßig daran arbeiten, werden Sie auch Erfolge erkennen.

3.3 Wie verliert man Muskelmasse?

Viel schneller als neue Muskulatur zu gewinnen geht es, bestehende zu verlieren. Denn ähnlich wie Fett kann der Körper auch diese zur Energiebereitstellung verwenden. Wenn Sie also ungeduldig sind und glauben, Ihr Diätziel schneller erreichen zu können indem Sie, im Extremfall, tage- oder gar wochenlang so gut wie nichts essen, werden Sie mit Sicherheit schnell abnehmen, doch der Verlust an wertvoller Muskelmasse wird erheblich sein. Dies führt dann dazu, dass es äußerst schwierig wird Ihr neues Gewicht zu halten, denn die 500 kcal Verbrauch pro Kilogramm Muskelmasse sind weg und Sie werden sich auch nicht besonders fit und gesund fühlen. Genau hier befinden Sie sich dann in der Diätfalle. In weiterer Folge wird der Körperfettanteil wieder steigen und Sie kommen wieder an den Punkt, wo Sie eine neue Diät starten müssen. Mit jedem Mal geht etwas mehr Muskelmasse verloren, neue Fettzellen werden gebildet und die Wunschfigur wird unerreichbar.

Setzen Sie also alles daran, Ihre Muskeln zu erhalten und im besten Fall sogar zu vergrößern.

4. Was ist der Schlüssel zum Erfolg?

Wir haben ja bereits viele Themen angesprochen und nun steht die Frage im Raum, was davon jetzt der wichtigste Punkt zur Erreichung des Ziels ist. Das Problem ist, die Antwort auf diese Frage ist nicht sofort ersichtlich und abhängig davon, wem, oder schlimmer noch, welchem Prediger Sie die Frage stellen!

Der Fitnessstudiobetreiber wird sagen: *„Hartes Training"*

Der Ernährungsberater wird sagen: *„Gesunde und ausgewogene Ernährung"*

Der Mentalcoach wird sagen: *„Die richtige Einstellung und der Wille etwas zu verändern"*

Tja, wer hat recht, denn falsch liegt keiner von ihnen.

Wenn Sie mich fragen, was Sie ja irgendwie auch getan haben, dann sage ich Ihnen, jeder dieser Punkte ist wichtig, jeder hat seine Berechtigung, doch kommt es auf die Gewichtung an. Was hat den größten Effekt, was dient unterstützend und was korrigierend?

Hier also meine Empfehlung:

Sie haben den Willen etwas zu ändern, sonst hätten Sie nicht bis hierher gelesen und würden sich nicht mit dem Thema beschäftigen. Ohne die richtige Einstellung werden Sie weder die Motivation aufbringen zu trainieren, noch den inneren Schweinehund besiegen, wenn es um ungesunde Lebensmittel und Essgewohnheiten geht. Glauben Sie mir, es gibt niemanden, dem es von Beginn an leicht gefallen ist, lange und lieb gewonnene Gewohnheiten zu verändern. Die gute Nachricht an dieser Stelle ist, es wird einfacher und der sich einstellende Erfolg wird sie weiter beflügeln. Mit der richtigen Motivation halten Sie auch in schwierigen Phasen durch und bleiben kontinuierlich am Ball. Nichts kann Ihren Erfolg so schnell ruinieren wie mangelnde Motivation und Disziplin. Wenn Sie nicht so hart trainieren wie ein Wettkampfathlet, oder sich nicht so perfekt ernähren wie ein Fitnessmodel, werden Sie trotzdem beachtliche Erfolge verbuchen können, doch wenn Sie nicht willens sind täglich an Ihrem Ziel zu arbeiten, ist es unerreichbar.

Doch schon jetzt kann ich Ihnen sagen, der Punkt an dem die Motivation in ein tiefes schwarzes Loch fällt, wird auf Ihrem Weg mindestens einmal kommen. Wenn Sie sich bereits im Vorfeld darüber bewusst sind, stehen Sie, wenn der Moment gekommen ist, nicht planlos da, sondern können sofort handeln und sich neu motivieren. Üblicherweise kommt dieser erste Einbruch schon nach ein paar Wochen, wenn Sie mit den ersten Ergebnissen nicht zufrieden sind, weil Sie mehr erwartet hatten. Nach ein paar Monaten kann es erneut soweit sein, denn plötzlich scheint sich, obwohl sie sich perfekt ernähren und regelmäßig trainieren, nichts mehr zu ändern. All das wird Sie dann aber nicht aus der Bahn werfen, denn Sie wissen schon jetzt, dass diese Punkte kommen. Später im Buch bekommen Sie noch ein paar Ideen, wie sie sich in schwierigen Zeiten neu motivieren können und was Ihnen helfen kann, das Motivationslevel oben zu halten.

Somit sollte eines eindeutig sein, die richtige Einstellung ist die Nr. 1.

Bleiben also noch Training und Ernährung.

Betrachten wir es einmal ganz neutral. Wieviel Zeit können und wollen Sie pro Woche in Training investieren. Jeden zweiten Tag eine Stunde oder gar täglich eine Stunde? Macht also 3-7 Stunden Sport pro Woche. Während einer Trainingseinheit verbraucht der Körper, egal ob Krafttraining, Laufen, Schwimmen, Seilspringen oder was auch immer etwa 300 - 400 Kalorien. Natürlich gibt es Unterschiede zwischen den einzelnen Sportarten und auch der Intensität mit der sie trainieren, doch die Wahrheit liegt irgendwo in diesem Kalorienbereich und Sie werden gleich erkennen, dass es auch völlig unerheblich ist, ob Sie vielleicht doch auf einen Kalorienverbrauch von 430 pro Einheit kommen.

Dem Verbrauch gegenüber steht nämlich die Kalorienzufuhr, also alles was Sie essen und trinken. Sie haben pro Tag ein Zeitfenster von 15 Stunden in dem Sie entscheiden, was Sie zu sich nehmen, also 105 Stunden pro Woche. Sie sehen also, das sind viele Möglichkeiten Ihrem Körper etwas Gutes zu tun, aber genauso viele sich Bissen für Bissen von Ihrem Ziel zu entfernen. Eine Rippe Schokolade, was einem Gewicht von 20g entspricht, hat etwa 103 Kalorien. Sie denken, das Gewicht ist doch zu viel? 103 kcal bedeutet, Sie müssten, um eine Tafel Schokolade wieder zu neutralisieren, etwa 4 Stunden trainieren! Hinzu kommen dann vielleicht noch ein paar Gläser Limonade, zum Frühstück ein Brot mit Haselnusscreme und ein paar kleine Löffel Zucker im Kaffee. Et voilà, Sie haben eine Kalorienzufuhr erreicht, die Sie mit Training nicht mehr ausgleichen können. Daher ist auch die weitere Reihung geklärt! Nr. 2 geht an die Ernährung und Nr. 3 an das Training. Geben Sie sich niemals der Illusion hin, Sie könnten eine schlechte Ernährung mit häufigerem oder perfektem Training ausgleichen. Sie können relativ problemlos 5.000 kcal pro Tag zu sich nehmen, aber werden unmöglich auf einen derartigen Verbrauch kommen. Egal welche Form des Trainings Sie für sich wählen, es wird niemals der ausschlaggebende Erfolgsfaktor auf Ihrem Weg sein. Es wird als Unterstützung, als Turbo, als Korrektur für Fehlstellungen oder als Ausgleich zu Ihrem vielleicht überwiegend sitzenden Alltag dienen und die Summe all dieser positiven Eigenschaften macht es trotz des vergleichsweise schwachen dritten Platzes, zu einem wesentlichen und unverzichtbaren Teil Ihrer neuen Routine.

Wenn wir schon beim Thema Routine sind, gehen wir doch gleich näher darauf ein. Je geregelter, vereinheitlicher und eingespielter Sie Ihren Ernährungs- und Trainingsablauf gestalten, desto einfacher wird es beides einzuhalten. Sobald Sie einmal alles im Griff haben, geht es praktisch von selbst und wenn doch einmal etwas dazwischen kommt, werden Sie diese Unterbrechung als störend oder unangenehm empfinden, denn wir Menschen sind unglaubliche Gewohnheitstiere. Oft wird Gewohnheit als etwas Negatives angesehen und einige Prediger werden Sie beschwören, Sie müssen sich täglich verändern, denn wo keine Veränderung ist herrscht Stillstand und Stillstand bringt Sie nicht voran bla bla bla….. Hört sich das für Sie plausibel oder gar erstrebenswert an, sich täglich neu zu erfinden, immer etwas ändern zu müssen, aus Angst sich sonst nicht zu entwickeln? Routine ist ein wichtiger Bestandteil unseres täglichen Lebens und hilft uns, gewohnte Abläufe ohne groß darüber nachdenken zu müssen, zu erledigen. Somit haben wir Zeit uns auf die neuen Herausforderungen zu konzentrieren, die wir nicht schon zig tausende Male gelöst haben. Wann haben Sie das letzte Mal darüber nachgedacht wie Sie Ihre Schnürsenkel binden müssen, mit welcher Hand Sie beim Zähneputzen die Zahnbürste halten, oder wo der nächsthöhere Gang in Ihrem Auto ist? All das machen wir automatisiert und wenn wir es anders machen sollen, dann müssen wir uns doch sehr konzentrieren um nicht gleich wieder in die Gewohnheit zu rutschen. Routine ist Effizienz und Sicherheit. Wir wissen wie es geht und haben keine Scheu, es zu machen, denn wir wissen ganz genau wie und dass wir es können. Jetzt stellen Sie sich vor, Ihr nächster Einkauf wird genauso routiniert, aber ausschließlich mit Lebensmitteln die Ihrem Ziel dienlich sind, oder die Abfolge und Ausführung der Übungen in Ihrer nächsten Trainingseinheit. Dies mag im Moment noch unvorstellbar sein, doch nach einigen Wochen wird es zur Routine und nach einigen Monaten wird es Ihnen vorkommen, als hätten Sie es niemals anders gemacht.

5. Die Methode

Um langfristig ein für Sie angenehmes Gewicht zu halten, werden Sie Ihre Gewohnheiten abändern müssen. Diese Gewohnheiten haben Sie nämlich zu genau diesem Punkt gebracht und diverse Diäten oder Fitnessstudiobesuche gepaart mit falschen Erwartungen, haben nichts daran geändert, heute hier zu stehen. Zwei Dinge möchte ich gleich hier klarstellen:

1. Es wird sich nichts ändern, wenn Sie nichts ändern!

2. Sie sollen jedoch nicht alles ändern

5.1 Es wird sich nichts ändern, wenn Sie nichts ändern!

Um es mit Albert Einsteins Worten zu sagen: „Die Definition von Wahnsinn ist, immer wieder das Gleiche zu tun und andere Ergebnisse zu erwarten."

Obwohl diese Aussage wohl für jeden völlig klar und inhaltlich verständlich ist, machen wir doch Tag für Tag genau das! Wir wundern uns, wieso wir in unserem Job nicht voran kommen, wieso unsere Beziehungen langsam aber sicher den Bach hinunter gehen, oder dass, obwohl wir doch eigentlich abnehmen wollen, die Waage jedes neue Monat mehr anzeigt. Doch was tun wir tatsächlich dafür? Ganz ehrlich gesprochen, meistens nichts, nicht genug oder das Falsche, das aber dafür konsequent. Wenn Sie sich seit Jahren nach einer Beförderung sehnen, wäre es vielleicht an der Zeit, sich von Ihren Kollegen abzuheben. Weiterhin Dienst nach Vorschrift zu machen, denn Sie machen Ihren Job ja immerhin gut, denn sonst hätten Sie Ihn ja nicht schon so lange, wird nicht genügen, um Sie in eine höhere Position zu bringen.

Wenn Ihr Partner oder Ihre Partnerin Sie seit geraumer Zeit ersucht, nicht mehrmals pro Woche mit den Freunden um die Häuser zu ziehen und Sie machen unbeirrt weiter, dürfen Sie sich auch nicht wundern, dass diese Beziehung vermutlich irgendwann in die Brüche geht.

Nur wenn Sie beginnen Gewohnheiten und Rituale zu verändern, haben Sie die Möglichkeit Ihr Leben oder eben Ihren Körper neu zu definieren. Verfallen Sie jedoch nicht in blinden Aktionismus, sondern gehen Sie besonnen und strategisch vor. Ich möchte es an dieser Stelle auch nicht beschönigen, denn die effektivsten Veränderungen sind auch meist die schmerzhaftesten. Jeder hat Laster und diese heißen nicht ohne Grund so. Bei den Einen ist es Schokolade, bei den Anderen Bier oder Wein und bei Ihnen ist es vielleicht Eiscreme. Was auch immer es ist, was Sie an oberster Stelle daran hindert Ihre Wunschfigur zu haben, das ist es, was Sie als allererstes ändern müssen. Ja es wird am Anfang schwierig sein, genau darauf zu verzichten, aber mit sich einstellendem Erfolg wird es zunehmend einfacher. Suchen Sie sich zu Beginn Ihre persönlichen Top 3 an Lastern in der Ernährung und ändern Sie diese.

5.2 Sie sollen jedoch nicht alles ändern

Wieso funktionieren Diäten, ganz gleich ob KETO, PALEO, intermittierendes Fasten, FDH, oder, oder oder, nicht, oder nur sehr zeitlich begrenzt? Hatten Sie Spaß und Freude an Ihrer letzten Diät oder war es halt ein notwendiges Übel oder gar eine Qual, um eben ein paar Kilo zu verlieren? Das Problem ist, Diäten funktionieren nur für eine begrenzte Zeit und haben nur einen Zweck, nämlich schnell eine möglichst große Menge an Fettgewebe zu verlieren. Dies macht bei Wettkampfbodybuildern zwei Wochen vor ihrem großen Auftritt auch durchaus Sinn, denn diese Athleten wollen genau für ein paar Stunden die perfekte Figur haben. Ob sie danach all das verlorene Fett wieder ansammeln ist hier nicht von Belang, denn bis zum nächsten Wettkampf ist genug Zeit um erneut Muskeln aufzubauen und eine neuerliche Diät zu starten.

So wollen Sie aber vermutlich nicht leben, sondern ganzjährig einen Körper haben, mit dem Sie gesund und zufrieden sind. Wenn Sie voller Motivation von einem Tag auf den andern alles was Sie bisher gerne gegessen und getrunken haben weglassen, werden Sie nicht lange durchhalten. Es wird ein täglicher Kampf mit dem schlechten Gewissen und Sie büßen einen großen Teil an Lebensfreude ein. Nur wenige Menschen sind dazu berufen so ein Leben zu führen und auch nur für diese ist es keine Qual, sondern deren Lifestyle.

Daher ist der erste Teil der Methode: **Bekommen Sie Ihre Ernährungsgewohnheiten in den Griff!**

In den Griff bekommen bedeutet, so zu essen, dass einerseits das Ziel, Fettabbau und Muskelzuwachs beziehungsweise Muskelerhalt verfolgt wird und Sie andererseits trotzdem mit Freude und Genuss essen können. Beginnen Sie mit den drei ungesündesten Lebensmitteln und finden Sie gesunde Alternativen. Wenn diese irgendwann für Sie zur Routine geworden sind, dann ersetzen sie die Nächsten. Bei sehr vielen Lebensmitteln wird es für Sie keine Schwierigkeit sein, diese vom Speiseplan zu streichen. Solche können Sie auch zwischendurch einfach ersetzen, denn sie sind ja keine Belastung und werden somit auch nicht als Verzicht angesehen.

In Kapitel 12 finden Sie eine Auflistung von Lebensmitteln, welche nicht den Anspruch erhebt, vollständig zu sein, die gut für Ihren Körper sind und gegenüber jene die es zu vermeiden gilt. Zu vermeiden heißt nicht, dass Sie Ihr Leben lang nie wieder eine Kugel Schokoeis essen dürfen, oder das Glas Bier beim nächsten Grillabend auf ewig Geschichte ist. Es heißt vermeiden, nicht verbannen! Denn nur wenn Sie ein Maß finden, in dem Sie Ihr Gewicht senken, oder später halten können und sich trotzdem von Zeit zu Zeit eine dieser Leckereien gönnen können, nur dann werden Sie langfristig Erfolg haben und niemals das Gefühl bekommen, Sie müssen auf alles verzichten.

Im Wesentlichen gibt es ein paar Grundsätze die zu beachten sind um sich gesund zu ernähren:

1. Lassen Sie fertig verarbeitete Lebensmittel möglichst weg! Dies sind jegliche Art von Fertiggerichte, Fastfood und Softdrinks.

2. Vermeiden Sie, besonders abends, die Kombination aus einfachen Kohlehydraten und Fett.

3. Erhöhen Sie die Aufnahme von Proteinen, egal ob tierisch oder pflanzlich.

4. Essen Sie nicht zu wenig! Dies ist oft einer der häufigsten Fehler, denn Ihr Körper denkt dann, er ist in einer Notsituation und verlangsamt Ihren Stoffwechsel.

5. Essen Sie wenn Sie Hunger haben und zwar so viel bis Sie satt sind, aber essen Sie bewusst, in Ruhe ohne Ablenkung und hochwertig!

Lernen Sie zu verstehen, was gut für Ihren Körper ist und was ihm schadet. Finden Sie gesunde Lebensmittel die Ihnen schmecken, legen Sie sich einen Vorrat an vorgekochten Mahlzeiten an und haben Sie immer eine für Sie passende Alternative für Heißhungerattacken zu Hause. Damit meine ich, wenn Sie öfters Heißhunger auf etwas Süßes haben, befriedigt vielleicht auch ein Naturjoghurt mit frischen Beeren, oder zur Not ein einfacher Proteinriegel. Die vorgekochten Mahlzeiten minimieren den täglichen Aufwand frisch zu kochen und Sie haben schnell etwas zur Hand, falls Sie keine Zeit für eine Zubereitung haben. Finden Sie 7 bis 10 Gerichte, die in Ihre neuen Ernährung passen, denn damit kommen Sie mindestens eine Woche durch, ohne täglich das Gleiche essen zu müssen. Wenn Sie es schaffen, diese 10 Gerichte abwechselnd zu essen, haben Sie Ihren eigenen Plan erstellt und diesen werden Sie auch gerne einhalten, denn es spart Zeit da Sie nicht überlegen müssen was Sie essen und es sind alles Gerichte die Ihnen schmecken!

In Kapitel 13 finden Sie eine kleine Auswahl an Gerichten inklusive Rezepten, die mir persönlich sehr schmecken und die ich aufgrund der Nährstoffzusammensetzung empfehlen kann.

Jetzt kommen wir noch zum Thema Training.

Wie ja oben bereits ersichtlich war, lässt sich eine falsche Ernährung nicht wegtrainieren! Außer Sie wollen und können täglich 4-5 Stunden für Sport aufbringen. Vermutlich haben Sie aber wie die meisten Menschen eine Arbeit der Sie nachgehen, ein Privatleben oder aber einfach keine Lust so viel Zeit zu investieren. Wie auch bei der Ernährung ist es wichtig eine Möglichkeit zu finden, die Sie dauerhaft umsetzen können. Richten Sie sich FIXE Zeitfenster für Sport ein. Mit fix meine ich nicht: „Ich trainiere 3 mal pro Woche", sondern „Ich trainiere Montag, Mittwoch und Freitag jeweils von 18:00 - 19:00 Uhr". Tragen Sie sich diese Termine im Kalender ein und lassen Sie sich diese Termine nicht nehmen.

Bevor Sie jetzt ins nächstgelegene Fitnessstudio laufen und sich für die nächsten Jahre einschreiben, halten Sie kurz inne und überlegen sich, was Sie an Ihrem Alltag ändern können um mehr Bewegung zu machen. Liegt Ihre Wohnung oder Ihr Büro vielleicht im dritten Stockwerk? Dann beginnen Sie die Treppe zu nehmen und auf den Fahrstuhl zu verzichten. Falls es anfangs zu viele Stockwerke für Ihr Fitnesslevel sind, dann gehen Sie so weit wie möglich und fahren den Rest. Mit dieser Methode haben Sie auch gleich ein neues Ziel das Sie definieren können: „In zwei Monaten schaffe ich ein zusätzliches Stockwerk ohne eine Pause einlegen zu müssen".

Haben Sie einen Hund? Perfekt! Er wird sich freuen von nun an eine doppelt so große Runde mit Ihnen gehen zu dürfen. Auch hier wartet ein neues Ziel auf Sie: „In einem Monat schaffe ich die gleiche Runde in 10 Minuten schneller". Erhöhen Sie das Gehtempo, oder fahren Sie schneller mit dem Rad als bisher. Ja, es sind kleine Veränderungen, aber in Summe haben sie einen gewaltigen Effekt. Erst wenn Sie diese Möglichkeiten in Ihrem Alltag gefunden haben, gehen Sie einen Schritt weiter und planen Ihr fixes Training.

Zu Beginn ist Ihr eigener Körper völlig ausreichend. Sie benötigen keine Hantel und schon gar keine teuren Geräte. Lernen Sie die Funktionen Ihrer Muskeln kennen und trainieren Sie möglichst den ganzen Körper. Sich auf einzelne Muskelgruppen zu spezialisieren, ist anfangs weder sinnvoll noch ratsam, da Sie so wertvolle Zeit verschwenden. Je nach Kraft, Ausdauer oder möglicher Verletzungen und Beschwerden, beginnen Sie mit Grundübungen wie Kniebeugen, Liegestütze, Sit-ups und einer Art Kreuzheben, aber alles ohne zusätzlichem Gewicht. Erst wenn Sie diese Übungen bei jeder Trainingseinheit problemlos absolvieren, erst dann wird es Zeit die Belastung zu erhöhen. Jetzt können Sie sich überlegen, wie Sie die Belastung erhöhen wollen. Bei einigen Übungen genügt vielleicht ein schwerer Rucksack (z.B. bei Kniebeugen), bei manchen können Gummibänder eine gute Ergänzung sein, oder Sie wollen noch immer in ein Fitnesscenter, dann ist jetzt die Zeit dafür gekommen. Wie oft sollten Sie jede Übung pro Training ausführen? Auch dies hängt sehr stark von Ihrer Ausgangssituation ab. Setzen Sie sich wieder Ziele und passen Sie diese regelmäßig an. Ein Ziel könnte sein: „Ich mache heute 4 Sätze Kniebeugen á 12 Wiederholungen". Dies ist auch eine Größenordnung in der Sie versuchen sollten zu trainieren. Drei bis vier Sätze (als Satz wird ein Durchgang bezeichnet) mit jeweils 10 - 15 Wiederholungen. Führen Sie die Wiederholungen zügig, aber kontrolliert aus. Sollten Sie nach 8 Wiederholungen nicht mehr können, pausieren Sie ein paar Sekunden und machen die nächsten ein, zwei, drei Wiederholungen. So lange bis Sie die angestrebten 10 - 15 erreicht haben. Zwischen den Sätzen machen Sie eine Pause von etwa einer Minute. Lassen Sie sich in der Pause nicht von Ihrem Handy oder jemand anderem ablenken, sondern achten Sie auf Ihre Atmung und die Muskeln die Sie soeben trainiert haben. Seien Sie diese eine Stunde voll und ganz auf sich und das Training fokussiert. Wenn Sie diese eine Stunde intensiv nutzen, ist Ihr Körper die nächsten Stunden damit beschäftigt, sich vom Training zu erholen und verbraucht noch lange nachher Energie. Dies ist auch mit ein Grund, wieso ich Ihnen zu Krafttraining rate. Wenn Sie locker joggen (was ich bei sehr starkem Übergewicht generell nicht empfehle), verbraucht Ihr Körper genau so lange Energie, bis Sie stehen bleiben. Die Belastung für den Körper ist einfach nicht groß genug, um länger danach noch Energie zu verbrauchen. Ein weiterer Vorteil an Krafttraining ist, dass Sie Muskelmasse aufbauen. Frauen müssen sich hier keine Sorgen machen, dass sie nach einem Jahr aussehen wie eine Bodybuilderin, dies wird auf natürliche Weise niemals passieren. Die neu gewonnene Muskelmasse hat drei ganz bedeutsame Vorteile:

1. Ein Kilo Muskelmasse verbraucht im Ruhezustand 100 Kalorien pro Tag. Wenn Sie also 5 kg Muskeln aufbauen und 10kg Fett abnehmen, sehen Sie nicht nur anders aus, sondern verbrauchen auch täglich 500 zusätzliche Kalorien! Dies hilft ihnen wiederum leichter Fett abzubauen.

2. Ihre Haltung wird sich verbessern und eventuelle Gelenks- und Rückenschmerzen werden gelindert, oder verschwinden komplett, denn Muskeln unterstützen und entlasten unsere Gelenke.

3. Mehr Muskeln bedeutet mehr Kraft und diese erleichtert Ihnen den Alltag. Wenn Sie bisher Mühe hatten Ihren Einkauf aus dem Auto zu heben, werden Sie merken, dass dies immer leichter wird.

In Kapitel 11 werden wir uns noch im Detail mit den einzelnen Muskelgruppen und den passenden Übungen beschäftigen. Sie werden lernen wie Sie die Zielmuskulatur optimal ansprechen und so das Maximum aus jeder Wiederholung, jedem Satz und jeder Trainingseinheit herausholen.

6. Ernährung

Nachdem wir ja bereits geklärt haben, dass Diäten nicht der Weg sind, welcher Sie ans Ziel führt, beschäftigen wir uns hier ganz konkret mit allem was Ihnen hilft und was Ihnen schadet oder Sie bremst. Sie werden nach diesem Kapitel verstehen, dass es nicht notwendig ist Kalorien zu zählen und Sie essen können wenn Sie Hunger haben und nicht wenn Ihr Ernährungsplan es vorgibt.

Wenn es um das Thema gesunde Ernährung geht hat jeder von uns sofort diverse Weisheiten und Verhaltensregeln im Kopf. Darunter fallen Aussagen wie: „Nach 18:00 soll man nichts mehr essen...", oder „Von fettigem Essen nimmt man schnell zu...", oder eine meiner Lieblingsweisheiten „Fleisch macht dick..."

All diese und noch viele weitere Weisheiten haben eines gemeinsam, sie sind ebenfalls Halbwissen welches sich hartnäckig in den Köpfen der Menschen hält. Dass all diese Aussagen nicht ganz richtig sein können, müsste doch eigentlich klar werden, wenn man die unterschiedlichsten Diätformen damit abgleicht. Als Beispiel nehmen wir die Aussage: „Fett macht fett!" Es gibt eine Diätform bei der fast ausschließlich Fett und Proteine konsumiert werden. Die sogenannte ketogene Diät, kurz KETO genannt, hat zum Ziel den Körper in den Zustand der Ketose zu versetzen, in der der Köper Fett anstatt Kohlehydrate als Hauptenergiequelle nutzt. Um dies zu erreichen wird hauptsächlich fett- und proteinreiche Nahrung wie Fleisch, fetter Fisch, Milchprodukte und Eier konsumiert. Dadurch soll der

Blutzucker und in weiterer Folge der Insulinspiegel auf einem konstant niedrigen Level gehalten werden. Der Verzehr von kohlehydratreicher Kost wie Nudeln, Brot und Gebäck, Teigen aller Art, Mehl und Zucker wird weitestgehend vermieden. Da diese einfach verfügbare Energiequelle fehlt, ist der Körper gezwungen die nötige Energie aus Fett zu beziehen. Diese Diätform funktioniert tatsächlich und Sie können nach Lust und Laune fettiges Essen konsumieren und werden dabei abnehmen. Doch obwohl es funktioniert empfehle ich Ihnen nicht, sich langfristig so zu ernähren, da es abgesehen vom enormen Zeitaufwand auch zu gesundheitlichen Problemen kommen kann. Wenn Sie nämlich nicht darauf achten vorwiegend hochwertige Fette wie Omega-3 und Omega-6 zu sich zu nehmen und statt dessen zu günstigen und leider in sehr vielen Lebensmitteln enthaltenen gehärteten oder Transfetten greifen, schaden Sie sowohl Ihrer Leber als auch Ihrem Herzen. Außerdem kann es zu Vitaminmangel und Verdauungsproblemen kommen. Aufgrund der aufwendigen Zubereitung werden Sie es auch nicht für immer praktizieren können und wollen, wodurch Sie Gefahr laufen nach Beendigung der Diät rasch wieder bei Ihrem Ausgangsgewicht zu landen. Aber eines ist somit klar, die isoliert betrachtete Aussage, dass Fett fett macht ist schlichtweg falsch. Vergessen Sie all die gängigen Meinungen, die Pseudoweisheiten diverser Prediger und versuchen Sie zu verstehen wie der Körper tatsächlich funktioniert.

Dafür werden wir nun die Nahrung welche Sie täglich zu sich nehmen genauer analysieren und in die einzelnen Bestandteile zerlegen. Ich werde Ihnen auch Gerichte als Beispiele bringen, damit Sie ein genaues Bild bekommen woraus gängige Gerichte bestehen. Dies wird Ihnen zukünftig helfen, Ihre Lebensmittel mit Bedacht auszuwählen und Sie müssen weder Kalorien zählen, noch irgendwelche Punktesysteme beachten.

6.1 Wofür braucht der Körper eigentlich Nahrung?

Der menschliche Organismus ist ein hoch komplexes System und benötigt zum Überleben und zur Aufrechterhaltung aller Funktionen Nährstoffe und Energie. Diese erhält er durch die Aufnahme von Lebensmitteln, welche während der Verdauung in ihre einzelnen Bestandteile aufgespalten werden. Landläufig wird dieser Vorgang auch Verbrennung genannt, was jedoch aufgrund der Geschwindigkeit und der Tatsache, dass es sich um einen Prozess in vielen Teilschritten handelt, nicht korrekt ist. Die Nährstoffe werden nämlich nicht wie im bildlichen Sinne verbrannt, sondern einfach gesagt für den Körper in verwertbare Bestandteile zerlegt. Jeder dieser Bestandteile erfüllt eine klare Aufgabe, weshalb es nicht sinnvoll ist einen oder gar mehrere davon aus der Ernährung zu streichen. Die gewonnene Energie dient dem Wachstum des Körpers, dessen Bestandteile wie Haut, Nägel und Haare, Regeneration also der Erholung nach hoher Belastung, Aufrechterhaltung der geistigen Leistungsfähigkeit und Regulierung der Körperwärme. Da der Energiebedarf jedes einzelnen Menschen sehr unterschiedlich ist und sogar tageweise massiv schwanken kann, gibt es keine pauschal gültige Menge an benötigter Nahrungs- beziehungsweise Energiemenge. Was jedoch auf alle Menschen gleichermaßen zutrifft ist, dass sich der Gesamtenergiebedarf aus zwei wesentlichen Faktoren zusammensetzt. Dies ist zum einen der sogenannte

Grundumsatz, also jene Menge an Energie die benötigt wird um alle lebenswichtigen Prozesse und Funktionen in absoluter Ruhe aufrechtzuerhalten und zum anderen der Leistungsumsatz welcher jeglichen durch Bewegung oder Anstrengung verursachten Energiebedarf beschreibt.

6.2 Der Grundumsatz

Jegliche unwillkürliche Vorgänge im Körper, also Atmung, Herzschlag, Muskelspannung, das Herz-Kreislauf-System und Wachstumsvorgänge bilden den sogenannten Grundumsatz. Die Leber, das Gehirn und die Muskulatur machen etwa ein Viertel des gesamten Grundumsatzes aus. Fettgewebe benötigt hingegen nur eine sehr geringe Menge an Energie um versorgt und erhalten zu werden. Die Höhe des Grundumsatzes ist von vielen Faktoren abhängig, die bedeutendsten sind jedoch Alter, Geschlecht, Körperzusammensetzung, Größe und Gewicht.

Mit zunehmendem Alter verlangsamt sich der Stoffwechsel und somit der Energiebedarf. Männer haben bei gleichem Alter, Größe und Gewicht einen etwa 7% höheren Grundumsatz als Frauen. Die Körperzusammensetzung, also das Verhältnis von Muskelmasse zu Fett, hat einen massiven Einfluss auf den Grundumsatz, da Muskulatur bedeutend mehr Energie verbraucht.

Die Körpergröße und das Gewicht haben den größten Einfluss auf den Grundumsatz. Je größer und massiger ein Körper ist, desto größer ist auch seine Oberfläche und damit die Wärmeabgabe an die Umgebungsluft. Dieser Wärmeverlust muss durch erhöhte Energiebereitstellung ausgeglichen werden um eine konstante Körpertemperatur zu halten. Weiters ist die gesamte Gewebemasse bei großen und schweren Personen wesentlich höher wodurch ebenfalls mehr Energie verbraucht wird. Sie sehen also, dass pauschale Aussagen zum Grundumsatz schlichtweg unmöglich sind.

6.3 Berechnung des Grundumsatzes (GU)

Da wir ja bereits geklärt haben, dass es nicht einen, für alle Menschen einheitlich gültigen Wert gibt benötigen wir eine Formel um den tatsächlichen, individuellen Umsatz zu berechnen.

Für eine relativ exakte Bestimmung verwenden wir die Formel nach Harris und Benedict (Harris. J. et al. (1918). A Biometric Study of Human Basal Metabolism). Dabei werden die Faktoren Größe, Gewicht und Alter berücksichtigt.

Frauen:

GU (kcal pro Tag) = 655,096 + 9,563 x Körpergewicht (kg) +

1,850 x Körpergröße (cm) - 4,676 x Alter (Jahren)

Männer:

GU (kcal pro Tag) = 66,473 + 13,752 x Körpergewicht (kg) +

5,003 x Körpergröße (cm) - 6,755 x Alter (Jahren)

Hier ein Beispiel:

Frau, 40 Jahre, 60 kg, 165 cm

GU= 655,096 + (9,563 x 60) + (1,850 x 165) - (4,676 x 40)

GU= 655,096 + 573,78 + 305,25 - 187,04

GU= 1.347,086

Diese beispielhafte Frau verbraucht somit in absoluter Ruhe, ohne jegliche zusätzliche Belastung 1.347 kcal pro Tag. Diese Formel ist bei allen Personen anwendbar die nicht stark übergewichtig, oder adipös sind. Bei stark übergewichtigen Menschen muss, um einen brauchbaren Wert zu erhalten, die fettfreie Masse des Körpers als Gewicht verwendet werden. Hier empfiehlt es sich somit vor der Berechnung den Körperfettanteil (KFA) bei einem Arzt oder Fitnesstrainer bestimmen zu lassen. Für einen groben

Richtwert können Sie aber auch einfach Ihren Körper mit Beispielbildern abgleichen und so den KFA bestimmen.

Die Berechnung des Grundumsatzes ist zusätzlich von großer Bedeutung, da er als Berechnungsgrundlage für den Leistungsumsatz dient.

6.4 Der Leistungsumsatz

Den Leistungsumsatz bildet jede Form der körperlichen, oder geistigen Betätigung. Dies umfasst beispielsweise Sport, Arbeit, alltägliche Tätigkeiten wie Einkaufen oder Gartenarbeit, das Auskurieren einer Erkrankung oder das verweilen in extremen Temperaturen. Für die Berechnung des Gesamtumsatzes wird der sogenannte PAL- Wert (Physical Activity Level) genutzt. Der zuvor errechnete Grundumsatz wird mit dem PAL- Wert multipliziert um den Gesamtenergiebedarf zu erhalten. Auch hier konzentrieren wir uns wieder auf die wichtigsten Faktoren die den Leistungsumsatz beeinflussen. Dies sind Sport und Beruf, da sie den Energiebedarf ganz erheblich verändern können. Doch auch während wir schlafen verbraucht unser Körper Energie und deshalb wird für die Berechnung jeder dieser drei Faktoren mit je einem Drittel des Tages, also mit jeweils acht Stunden, berücksichtigt und mit dem passenden PAL- Wert assoziiert. Nicht außer Acht dürfen Schwangerschaft und Stillen gelassen werden, da auch hier ein erhöhter Energiebedarf besteht. Bei Schwangerschaft müssen pro Tag etwa 250 kcal und bei stillenden Müttern zwischen 500 und 600 kcal pro Tag hinzugerechnet werden.

PAL- Tabelle

PAL Faktor	Tätigkeit	Beispiel
0,95	Schlafen	
1,2	Ausschließlich sitzen oder liegen	Alte, gebrechliche Menschen
1,4 - 1,5	Fast ausschließlich sitzend, wenig Freizeitaktivität	Schreibtischtätigkeit, Studierende
1,6 - 1,7	Überwiegend sitzend mit zusätzlichen stehenden/ gehenden Einheiten	Kraftfahrer, Laboranten
1,8 - 1,9	Überwiegend stehende/ gehende Tätigkeit	Verkäufer, Kellner, Friseur
2,0 - 2,4	Körperlich anstrengende Tätigkeite	Bergleute, Landwirte, Waldarbeiter

Auch hier nehmen wir als Beispiel wieder unsere 40 Jahre alte, 60 kg schwere Angestellte im Einzelhandel die ihre Freizeit teilweise gehend verbringt.

Würde sie Sport betreiben, müsste der PAL-Freizeitwert um je 0,1 pro Stunde Sport pro Tag erhöht werden.

Ihr Grundumsatz liegt wie berechnet bei 1.347 kcal.

Berechnung Leistungsumsatz

PAL-Gesamt= (PAL-Arbeit + PAL-Freizeit + PAL-Schlaf) / 3

PAL- Gesamt= (1,8 + 1,6 + 0,95) / 3

PAL- Gesamt= 1,45

Berechnung Gesamtumsatz

Grundumsatz x Leistungsumsatz = 1.347 x 1,45 = 1.953 kcal pro Tag

Dieser Wert beschreibt nun relativ genau den Kalorienbedarf dieser beispielhaften Person. Nicht berücksichtigt wurden Energieverluste welche im Zuge der Verdauung entstehen. Der menschliche Körper verwertet Nahrung zwar sehr effizient, doch durchschnittlich 10% der aufgenommenen Kalorien gehen bei der Verdauung verloren. Für die meisten Menschen ist dieser Wert jedoch zu vernachlässigen. Doch wenn Sie es ganz genau nehmen wollen, rechnen Sie gerne nach. Hier sollten Sie aber auch berücksichtigen, dass durch Nahrungsaufnahme auch zusätzliche Wärme im Körper entsteht. Dieser Vorgang wird nahrungsabhängige Thermogenese genannt und kann ebenfalls bis zu 10% der durch die Nahrung aufgenommenen Energie betragen. Wichtig in diesem Zusammenhang wäre noch die Tatsache, dass unterschiedliche Nährstoffe unterschiedlich viel

Energie für die Verstoffwechslung benötigen. Fett wird mit rund 3% des Grundumsatzes am einfachsten verarbeitet. Danach folgen Kohlehydrate mit etwa 7% und am meisten Energie verbrauchen Proteine mit bis zu 24%. Dies können Sie sich natürlich bei der Auswahl Ihrer Lebensmittel zunutze machen und gleichzeitig geben Sie Ihren Muskeln was sie brauchen.

Ich möchte es an dieser Stellen noch einmal wiederholen: „Zählen Sie nicht Kalorien, wiegen Sie nicht Ihre Essen und führen Sie keine Punkteliste!"

Wenn Sie beginnen Ihre Ernährung auf neue und gesunde Beine zu stellen kann es anfangs natürlich hilfreich sein sich mit den Inhaltsangaben der unterschiedlichen Lebensmittel und Gerichte zu beschäftigen um ein Gefühl dafür zu bekommen aus welchen Nährstoffen die einzelnen Produkt bestehen. Je öfter und aufmerksamer Sie dies in der Anfangszeit praktizieren, desto automatisierter wird ihre zukünftige Zusammenstellung der Lebensmittel und desto einfacher gestaltet sich die dauerhafte Beibehaltung Ihrer neuen Ernährung.

Im folgenden Kapitel widmen wir uns den einzelnen Bestandteilen, also Inhaltsstoffen der Nahrung.

6.5 Was sind die Grundbestandteile?

a) Makronährstoffe

1. Kohlehydrate

Aus den aktuellen Diättrends ist Ihnen dieser Begriff sicherlich bekannt, denn Kohlehydrate werden von einigen Predigern als das ultimativ Böse beschrieben welches es für immer zu verbannen gilt. Doch was ist dieses Teufelszeug eigentlich, was für Auswirkungen hat es auf den Körper und ist es tatsächlich so schlecht wie sein Ruf?

Also, alles der Reihe nach. Ganz vereinfacht gesagt sind Kohlehydrate nichts anderes als Zucker. Zucker sind nicht nur die kleinen weißen Kristalle die wir zum Kochen, oder Süßen unseres Kaffees benutzen, Zucker kann die Form von Obst, Gebäck, Teig oder Getreide haben.

Die einfachste und am schnellsten verdauliche Form sind Glukose (Traubenzucker) und Fructose (Fruchtzucker). Diese werden im Oberbegriff auch Einfachzucker genannt. Sobald mehrere Glukosebausteine aneinander gereiht werden ergeben sich neue Zuckerarten. Bei zwei Bausteinen spricht man von Zweifachzucker, bei drei Bausteinen von Mehrfachzucker und ab 30 Bausteinen von Vielfachzucker.

Beispiele für die einzelnen Zuckerarten:

Einfachzucker: Süßigkeiten, Obst, Softdrinks

Zweifachzucker: Limonade, Haushaltszucker, Malzprodukte

Mehrfachzucker: Weißbrot, Toastbrot, Zwieback

Vielfachzucker: Getreide, Reis, Kartoffeln, Gemüse

Kohlehydrate sind die wichtigste Energiequelle für den menschlichen Körper, denn 1g Kohlehydrate hat einen Energiegehalt von 4,1 kcal. Sowohl das Gehirn, als auch das Nervensystem sind von Kohlehydraten abhängig. Für die Muskulatur hingegen sind die nicht zwingend erforderlich, da sie hier auch durch Fette oder Proteine ersetzt werden können. Trotz ihrer enormen Bedeutung für Gehirn und Nerven, zählen Kohlehydrate nicht zu den essenziellen Nährstoffen, da der Körper sie selbst erzeugen kann. Man kann also theoretisch ohne Kohlehydrate überleben. Hier sind wir aber genau am Punkt! Wollen Sie überleben, oder wollen Sie gut und möglichst gesund leben? Einzelne Nährstoffe gänzlich zu streichen, kann wohl nicht als ausgewogen bezeichnet werden. Eine wichtige Form von Kohlehydraten sind nämlich auch die sogenannten Ballaststoffe. Sie sind unverdaulich und haben somit auch keinen Nährwert, doch sie sind für unsern Darm ein echter Segen. Viele Probleme bei kohlehydratfreien Diäten hängen mit einem Mangel an Ballaststoffen zusammen und daher kann ich diese Methode auch niemandem empfehlen. Ein großer Teil unserer täglichen Nahrung sollte aus Kohlehydraten bestehen, doch hier kommt es auf die richtige Wahl an. Betrachten Sie noch einmal die Auflistung der Zuckerarten mit Beispielen. Beginnen Sie bei Ihren Einkäufen und der Auswahl an Zutaten ganz unten. Der Großteil der Lebensmittel mit Zuckergehalt sollte aus Vielfachzucker bestehen. Deutlich weniger sollten Sie mit Mehrfachzucker konsumieren und die beiden obersten Stufen würde ich nur sehr selektiv, in Form von Obst empfehlen. Je weniger Sie aus den oberen drei Ebenen essen und trinken, desto besser ist es für Ihren Körper und desto einfacher wurde es Ihr Ziel zu erreichen.

2. Fette

Auch um Fette ranken sich so einige Diätmythen und Lügen. Die Annahme dass Fett dick macht ist wie bereits erwähnt ja nur die halbe Wahrheit. Korrekterweise müsste es heißen, dass die falschen Fette zur falschen Zeit im falschen Maße dick machen. Ähnlich wie bei Kohlehydraten wird auch Fett primär zur Energiegewinnung vom Körper genutzt. Es hat eine Energiedichte von 9,3 kcal pro Gramm und ist damit doppelt so energiereich wir Zucker. Die meisten Fette sind für den Körper nicht lebensnotwendig und daher entbehrlich. Doch es gibt auch essenzielle Fettsäuren welche der Organismus nicht selbst herstellen kann. Dies sind die sogenannten mehrfach ungesättigten Fettsäuren. Alle Fette die wir zu uns nehmen unterscheiden sich lediglich in ihrer Sättigung und Kettenlänge, also wieviele

Fettsäuren an ein Glycerin geheftet sind. Hier unterscheiden wir in kurz, mittel und lang und nach der Zahl der Doppelbindungen in gesättigte, einfach ungesättigte und mehrfach ungesättigte Fette.

Im Gegensatz zu Kohlehydraten, welche teilweise im Mund und großteils im Darm verdaut werden, so werden Fette erst im Magen aufgespalten und dann im Dünndarm über die Leber an die Zellen abgegeben. Der tägliche Bedarf an essenziellen Fetten liegt bei etwa 5 bis 10 Gramm und kann durch den Verzehr von fettem Fisch (Lachs), Haferflocken, pflanzlichen Ölen und Walnüssen leicht gedeckt werden. Frittierte Lebensmittel, weit verarbeitete Wurst, oder diverse Fertigprodukte wie Fastfood, Chips, Pommes, Schokolade-, Haselnussaufstriche oder Margarine enthalten hingegen die für den Körper absolut unnötigen Fette. Die sind nicht nur gesättigte Fette, sondern Transfette oder gehärtete Fette. All diese sind nicht nur unnötig, sondern auch gesundheitsschädigend. Durch einen häufigen Konsum von Transfetten steigt der LDL- Spiegel (Low Density Lipoprotein oder auch schlechtes Cholesterin) im Blut und der HDL- Spiegel (High Density Lipoprotein oder auch gutes Cholesterin) sinkt. Dies kann zum Verschluss von Gefäßen führen, was wiederum einen Herzinfarkt, oder Schlaganfall auslösen kann. Außerdem stehen Transfette unter Verdacht das Krebsrisiko zu erhöhen. Solche Lebensmittel gilt es also grundsätzlich und nicht bloß deshalb weil Sie überschüssige Kilos loswerden wollen, zu vermeiden. Hier gehe ich sogar soweit, dass Sie diese tatsächlich verbannen sollten! Wenn Sie gerne Frittiertes, oder Pommes essen, dann nehmen Sie sich die Zeit um diese Gerichte selbst zu kochen. Kaufen Sie nichts mit fertiger Panade, schneiden Sie selbst die Kartoffeln für Ihre Pommes und verwenden Sie hochwertiges Pflanzenfett zum Frittieren, oder nutzen Sie eine Heißluftfritteuse. All diese Kleinigkeiten machen in Summe einen gewaltigen Unterschied, nicht nur für Ihre Figur, sondern für Ihr gesamtes Wohlbefinden.

3. Proteine

Der Stoff aus dem die Muskeln entstehen! Wenn wir an Proteine denken, haben wir oft das Bild eines eingeölten, braungebrannten Bodybuilders im Kopf. Wieso? Weil wir jahrelang die Vorträge und Weisheiten von Predigern gehört haben welche uns einreden, dass viele Proteine zu vielen Muskeln führen. Wieder haben wir es mit einer Halbwahrheit zu tun. Es stimmt, dass eine erhöhte Proteinzufuhr notwendig ist um in Kombination mit Krafttraining auch Muskulatur aufbauen zu können. Doch wer nun glaubt, alleine der Verzehr von Proteinshakes oder Unmengen an Hühnerfleisch macht ihn zum nächsten Mr. Universum, ist auf die Lügen leider hineingefallen.

Während Kohlehydrate und Fette überwiegend als Brennstoff genutzt werden, sind Proteine ein Baustoff. Nur in Notsituationen kann unser Körper auch Eiweiß als Energiequelle nutzen. Hier liegt die Energieausbeute bei 4,1 kcal pro Gramm. Muskeln, Knochen, Knorpel, Sehnen und Haut werden aus Proteinen gebildet. Proteine selbst bestehen aus 20 unterschiedlichen Aminosäuren. Einige davon (Isoleuzin, Leuzin, Lysin, Methionin, Phenylalanin, Threonin, Tryptophan, Valin) sind essenzielle Aminosäuren, die restlichen nicht essenzielle.

Ähnlich wie bei Fetten beginnt auch bei Proteinen die Verdauung im Magen. Hier werden die Proteine in einzelne Aminosäuren zerlegt, welche dann über den Darm in die Blutbahn gelangen. Der größte Unterschied zu den anderen Makronährstoffen besteht darin, dass der Körper Proteine nicht speichern kann. Fett kann in fast unbegrenzter Menge als Unterhautfettgewebe gespeichert werden. Kohlehydrate werden im sogenannten Glykogenspeicher in der Leber und den Muskeln gespeichert. Für Proteine gibt es so eine Speichermöglichkeit leider nicht, weshalb der Körper täglich mit Eiweiß versorgt werden muss. Es gibt lediglich einen sogenannten Aminosäurepool welcher etwa 150 bis 200 g groß ist.

Auch um die notwendige Menge an täglich benötigten Proteinen ranken sich hartnäckige Mythen. Wieviele und welche Art sollte man täglich verzehren? Um es einfach zu halten kann ich Ihnen nur empfehlen, im Zweifelsfall lieber etwas zu viel als zu wenig. Eine gesunde Menge liegt zwischen 0,8 g pro Kilogramm Körpergewicht bei einer Normalperson und 1,7 g pro Kilogramm Körpergewicht bei ambitionierten Kraftsportlern. Irgendwo in diesem Bereich sollten Sie sich bewegen wenn Sie sich gesund und zielorientiert ernähren und regelmäßig trainieren. Wichtig zu beachten ist in diesem Zusammenhang auch, dass Sie ausreichend Flüssigkeit zu sich nehmen, da die Abbauprodukte des Proteinstoffwechsels über die Nieren ausgeschieden werden. Generell sollten Sie hier bei zwei bis drei Liter pro Tag liegen. Also Proteinquelle eignen sich sowohl pflanzliche als auch tierische Lebensmittel. Greifen Sie aber auch hier zu möglichst naturbelassenen Produkten. Pflanzliche Proteinquellen sind beispielsweise Hülsenfrüchte, Reis, Hafer, Dinkel und Amaranth. Tierische Proteinquellen sind Fleisch (besonders Geflügel und Rind),

Fisch, Eiklar, Frischkäse, Joghurt und Magerquark. Für welche Proteinquelle Sie sich entscheiden bleibt Ihnen überlassen, doch empfehlen würde ich auch hier eine Mischung als allen um möglichst unterschiedliche Nährstoffe aufzunehmen und eine einseitige Ernährung zu vermeiden.

b) Mikronährstoffe

Mikronährstoffe werden zwar nur in sehr kleinen Mengen benötigt und liefern keine Energie, doch sind sie für unseren Körper und seine Funktionen unverzichtbar und können auch nicht selbst produziert werden. Zu den Mikronährstoffen zählen jedenfalls Vitamine und Mineralstoffe und je nach Definition zusätzlich noch Omega-Fettsäuren und sekundäre Pflanzenstoffe.

1. Vitamine

Jedes Kind weiß, dass Vitamine gesund sind und das Immunsystem stärken. Genau dafür sind Vitamine in unserem Körper auch notwendig und jedes einzelne hat eine andere Aufgabe. Sie werden in zwei Gruppen unterteilt, nämlich in fett- und wasserlösliche Vitamine. Sie sind, mit Ausnahme der fettlöslichen und Vitamin B12, nur sehr begrenzt speicherbar, weshalb sie regelmäßig mit der Nahrung zugeführt werden müssen.

Fettlöslich:

Bezeichnung	Wichtig für	Enthalten in	
Vitamin A	• Sehvermögen • Knochen und Knorpel • Haut und Zähne	• Spinat • Kartoffeln • Milchprodukten	
Vitamin D	• Knochendichte • Zähne	• Butter • Ei • Fischöl • (Wird über Sonnenlicht produziert)	
Vitamin E	• Schutz der Zellen (gehört zu den Antioxidantien und fängt freie Radikale ab)	• Sonnenblumenöl • Weizenkeimöl	
Vitamin K	• Blutgerinnung • Knochen • Bindegewebe	• Salat • Blattgemüse • Tomaten • Blumenkohl	

64

Wasserlöslich:

Bezeichnung	Wichtig für	Enthalten in
Vitamin B1	• Nervensystem	• Linsen • Erdnüssen • Vollkornprodukte
Vitamin B2	• Stoffwechsel • Haut • Schleimhaut	• Käse • Milch • Milchprodukte
Vitamin B6	• Blutbildung • Eiweißstoffwechsel • Nervensystem	• Avocado • Banane • Lachs
Vitamin B12	• Rote Blutkörperchen	• Ei • Fisch • Fleisch
Vitamin C	• Immunsystem • Bindegewebe	• Obst • Gemüse
Biotin	• Haut • Haare • Nägel • Nerven	• Milch • Soja • Weizenkeimen
Folsäure	• Zellregeneration	• Spinat • Hefe
Niacin	• Nervensystem • Herz	• Vollkornprodukte • Nüsse
Pantothensäure	• Stoffwechsel • Hormonhaushalt	• Fisch • Milch • Rindfleisch • Brokkoli

2. Mineralstoffe

Um alle Funktionen von Knochen, Herz, Gehirn und Muskeln aufrecht zu erhalten braucht der Körper Mineralstoffe. Sie stehen in direkter Verbindung zum Wasserhaushalt des Menschen und werden je nach benötigter Menge in Mengenelemente und Spurenelemente unterteilt. Normalerweise lässt dich der Bedarf mit einer ausgewogenen Ernährung problemlos decken, doch bei erhöhter Belastung wie etwa intensivem Kraft- oder Ausdauertraining kann es notwendig sein Magnesium, Eisen, Kalium und Zink durch ein Mineralstoffkonzentrat zu ergänzen.

Mengenelemente:

Hier liegt der Bedarf bei <50 mg/kg Körpergewicht.

Bezeichnung	Tagesbedarf	Enthalten in
Magnesium	300 - 700 mg	• Hülsenfrüchten • Kartoffeln • Grünem Gemüse • Vollkornprodukte
Natrium	0,5 - 10 g	• Salzige Lebensmittel
Kalzium	800 - 1500 mg	• Hülsenfrüchten • Spinat • Orangen • Rosenkohl
Kalium	2 - 6 g	• Hülsenfrüchte • Kartoffeln • Gemüse • Obst
Phosphat	800 - 2000 mg	• Fleisch • Fisch • Milch

Spurenelemente:

Hier liegt der Bedarf bei >50 mg/kg Körpergewicht.

Bezeichnung	Tagesbedarf	Enthalten in
Zink	12 - 25 mg	• Fleisch • Fisch • Milchprodukte • Nüsse
Eisen	12 - 25 mg	• Fleisch • Fisch • Vollkornprodukte • Gemüse
Fluor	1 - 2 mg	• Mineralwasser
Jod	150 - 200 µg	• Jodiertes Speisesalz • Seefisch • Gemüse
Chrom	50 - 200 µg	• Fleisch • Fisch

Was und wieviel

Nachdem Sie nun wissen woraus unsere Nahrung besteht und welche Nährstoffe Sie benötigen um Ihren Körper bestmöglich zu versorgen, können wir auch ganz konkret bestimmen was und wieviel Sie essen sollten.

Da der Körper in der Lage ist, Kohlehydrate selbst aus Fett und Proteinen zu synthetisieren ist eine Zufuhr für das Überleben grundsätzlich nicht notwendig. Es gibt viele Menschen die sich weitgehend ohne Kohlehydrate ernähren, doch werde ich Ihnen dies nicht empfehlen. Ein Grund dafür ist der enorme Aufwand der betrieben werden muss um eine komplette Gruppe von Nährstoffen aus der Ernährung zu streichen. Dieser Aufwand wird für viele, die lediglich versuchen ein paar Kilo zu verlieren, zu einer derartigen Belastung, dass das Vorhaben ziemlich bald scheitert. Nutzen Sie die komplette Palette an Lebensmitteln aus und wählen Sie, was Ihnen schmeckt, entdecken Sie neues und lassen Sie die Finger von fertig verarbeiteten Produkten. Da Sie ja nun auch beginnen sich mehr zu bewegen und Krafttraining zu Ihrer wöchentlichen Routine wird, sollten Sie auch Ihren Proteinbedarf decken. Dies ist anfangs oft die größte Hürde, denn aus Bequemlichkeit greifen wir häufig zu Lebensmitteln die reich an Kohlehydraten und Fetten sind, jedoch nur einen geringen Proteingehalt haben. Sei es eine Pizza vom Lieferdienst, Weißbrot mit Haselnusscreme zum Frühstück, oder am Abend ein ordentliche Portion Pasta mit Sauce aus der Dose. All dies Gerichte enthalten reichlich Zucker und Fett, doch so werden Sie Ihren Proteinbedarf bestimmt nicht decken. Der Großteil der täglich benötigten Energie sollte mit einer hochwertigen Kohlehydratquelle gedeckt werden, aber hochwertig ist das entscheidende Wort. Ersetzen Sie so viel Einfachzucker wie Sie können durch Mehr- oder Vielfachzucker und Sie lösen gleich ein weiteres Problem, nämlich die ausreichende Versorgung mit Ballaststoffen. Dies wiederum führt dazu, dass Sie nach einer Mahlzeit länger satt bleiben und Sie von plötzlichem Heißhunger auf Süßes verschont bleiben. Aus welcher Quelle Sie Ihre tägliche Dosis Proteine beziehen macht hingegen keinen großen Unterschied. Dies kann in Form von Fleisch, Fisch, Meeresfrüchten, Milchprodukten und Eier erfolgen, oder aber Sie greifen zu pflanzlichen Proteinquellen wie jede Art von Hülsenfrüchten, Vollkorngetreideprodukte, Fleischersatz aus Soja oder Nüsse und Samen.

Damit alle Nähstoffe reibungslos an ihren Bestimmungsort transportiert werden können, benötigt der Körper noch den wesentlichsten Bestandteil und der ist Wasser. Ein Erwachsener besteht zu 50 - 65% aus Wasser. Dieser Wert schwankt je nach Alter und Körperfettanteil, doch befindet sich irgendwo in dieser Spanne. Neueste Studien haben gezeigt, dass ein Mensch bis zu 80 Tage ohne Nahrung überleben kann, sofern ihm ausreichend Wasser zur Verfügung steht.

Ohne Wasser hingegen wird es nach 24 Stunden bereits gefährlich und nach drei Tagen tödlich. Der tägliche Bedarf liegt bei 1,5 bis 2,5 Liter, kann jedoch bei großer Hitze und Anstrengung auf das Drei- bis Vierfache ansteigen. Häufig verwechseln wir Menschen auch das Gefühl von Durst mit Hunger, weshalb viel zu oft gegessen statt getrunken wird. Dies führt nicht bloß zu einer unnötigen Kalorienzufuhr, sondern der Körper bekommt nicht was er eigentlich gebraucht hätte. Wenn Sie das nächste Mal innerhalb einer bis zwei Stunden nach der letzten vernünftigen Mahlzeit wieder Hunger verspüren, greifen Sie zu einem halben Liter Leitungswasser. Dieser wird Ihren Hunger stillen, denn vermutlich war es Durst. Die bevorzugten Getränke sollten Leitungswasser, Mineralwasser und ungesüßter Tee sein. Vermeiden Sie zuckerhaltige Säfte und Alkohol so weit wie möglich. Auch hier wieder mein Appell an Sie: „Nehmen Sie sich nicht jede Freude, aber machen Sie es zu etwas Besonderem!" Jeden Abend nach der Arbeit drei Flaschen Bier, oder zwei Gläser Wein sind nichts besonderes mehr, sondern Sie haben es zur Routine gemacht. Diese Routine sollten Sie schleunigst umlernen wenn sie schlank, fit und gesund leben wollen. Belohnen Sie sich nach der Arbeit mit einer köstlichen, frisch gekochten Mahlzeit oder mit einem hochwertigen grünen Tee auf Ihrer Terrasse, oder bauen Sie den Stress des Arbeitstages mit einer Sporteinheit ab und am Samstag Abend gönnen Sie sich dann etwas Besonderes. Denn dann ist ein Glas Bier tatsächlich eine Ausnahme und Sie werden es wesentlich mehr schätzen und genießen, als wenn Sie es sowieso täglich mehrfach haben. Ebenso machen Sie es mit Schokolade, Eiscreme, Haselnussbrotaufstrich, Pizza und so weiter.

Um Missverständnissen vorzubeugen, ich meine damit nicht, dass Sie sich die ganze Woche ausgewogen und gesund ernähren sollen um dann am Wochenende alles in sich hinein zu stopfen was Sie die vorherigen Tage vermieden haben, denn das würde Ihren gesamten Wochenerfolg an einem einzigen Tag pulverisieren! Machen Sie eine Ausnahme pro Woche, nicht einen ganzen Tag voller Ausnahmen. Nach einer Zeit werden Ihnen ungesunde und wertlose Lebensmittel ohnehin nicht mehr abgehen. Sie werden sich so daran gewöhnt haben, dass es irgendwann unvorstellbar sein wird, welchen Müll Sie früher zu sich genommen haben.

Das Wann

Nun kommen wir noch zu einem wesentlichen Punkt den es bei der Auswahl von Lebensmitteln und deren Zubereitung zu beachten gilt. Nämlich, welche Nährstoffe zu welcher Tageszeit miteinander kombiniert und aufgenommen werden sollten.

Um dies zu verstehen ist es wichtig zu wissen, was in unserem Körper passiert wenn wir Zucker zu uns nehmen. Sobald Zucker aufgenommen wird, beginnt der Organismus Insulin auszuschütten um den Zuckerspiegel zu regulieren. Vereinfacht gesagt, Zucker hebt den Zuckerspiegel, Insulin senkt ihn. Je einfacher der Zucker aufgebaut ist, desto schneller und heftiger wird Insulin ausgeschüttet um einen Zuckerschock zu verhindern. Je komplexer die zugeführten Kohlehydrate, desto langsamer steigt auch der Insulinspiegel. Insulin hat jedoch noch mehr Aufgaben als die Regulierung des Blutzuckerspiegels. Es wirkt wachstumsfördernd auf die Muskulatur und dies ist der wesentliche Punkt für all jene die versuchen abzunehmen, es transportiert Fettmoleküle und hilft diese zu speichern! Dies bedeutet also, sobald Insulin und Fett zur selben Zeit zur Verfügung stehen, wird dieser Prozess der Fettspeicherung gestartet. Um diesen Prozess nicht in Gang zu setzen haben wir also zwei Möglichkeiten.

1. Es wird zwar Insulin ausgeschüttet, aber es gibt keine Fettmoleküle welche transportiert und gespeichert werden können.

2. Es wird kein Insulin ausgeschüttet und somit können die aufgenommenen Fettmoleküle nicht transportiert und gespeichert werden.

Um möglichst abwechslungsreich und auch ausgewogen essen zu können sollten Sie sich beider Varianten bedienen. Vermeiden Sie also bewusst die Kombination aus einfachem Zucker und Fett.

Weiters sollten Sie die richtigen Nähstoffe zur richtigen Zeit zu sich nehmen. Wir wissen ja bereits, dass unser Körper über einen Glykogenspeicher verfügt um rasch Energie freisetzen zu können. Wenn wir mehrere Stunden keine Nahrung aufnehmen, oder nach einer intensiven Sporteinheit, ist dieser Speicher minimiert, oder gar aufgebraucht. Wenn Sie zu diesem Zeitpunkt also Kohlehydrate zu sich nehmen, wird Ihr Körper zuerst diese Speicher wieder füllen und erst danach mit der Einlagerung von Fett beginnen. In der Praxis bedeutet dies also für Sie, morgens ist Ihr Glykogenspeicher leer, da er während Sie geschlafen haben aufgebraucht wurde und nach Ihrem Training ebenfalls. Dies sind die perfekten Zeitpunkte um Kohlehydrate zu essen. Bei diesen Mahlzeiten sollten Sie jedoch versuchen den Fettgehalt der Lebensmittel möglichst gering zu halten. Im Laufe des Tages, abgesehen von der Mahlzeit direkt nach dem Training, reduzieren Sie die Kohlehydratmenge und steigern im Gegenzug die Menge an Fett. Ihre letzte Mahlzeit des Tages, wieder vorausgesetzt diese knüpft nicht direkt an Ihr Training, sollte also möglichst ausschließlich aus Fetten und Proteinen bestehen. Proteine sollten ein fixer Bestandteil jeder Mahlzeit werden, denn sie helfen Ihnen lange gesättigt zu bleiben und wertvolle Muskulatur aufzubauen und zu erhalten.

Wenn es um Proteinaufnahme und Training geht, steht schon der nächste Prediger vor Ihrer Tür, oder versucht Sie im Internet und auf diversen Netzwerken davon zu überzeugen, dass kein Weg an Proteinshakes vorbeiführt. Diese Shakes sind eine großartige Sache, aber nur wenn sie auch sinnvoll eingesetzt werden. Genau wie alle anderen Arten von Nahrungsergänzungen auch, oder zumindest einige, denn hier gibt es Mittelchen die einem bei genauerer Betrachtung doch mehr als sinnlos erscheinen sollten.

Gewürze

Unter Gewürze fallen Kräuter und Pflanzenstoffe welche einen intensiven Geschmack und Geruch besitzen und unsere Gerichte wesentlich schmackhafter machen können. Viele glauben, dass Gewürze keine Kalorien haben, doch dies ist ein weiterer Irrglaube. Es gibt welche mit einer sehr hohen und welche mit einer sehr geringen Kaloriendichte. Oregano hat beispielsweise 567 kcal pro 100g. Da Gewürze jedoch nur in sehr kleinen Mengen verwendet werden, sollten Sie sich darüber nicht besonders groß Gedanken machen. Einige haben sogar die Eigenschaft, den Fettstoffwechsel anzuregen und können so beim Abnehmen unterstützen. Genau auf jene hilfreichen Gewürze werden wir uns jetzt konzentrieren.

Cayenne Pfeffer und Chili

Das enthaltene Capsaicin wirkt sättigend und regt den Stoffwechsel und die Thermogenese an. Dies führt zu einem erhöhten Energieverbrauch und kann so den Fettabbau unterstützen.

Kurkuma

In der fernöstlichen traditionellen Medizin wird Kurkuma schon lange als Heilpflanze genutzt und das nicht ohne Grund. Kurkuma wirkt entzündungshemmend, unterstützt die Verdauung und hilft beim Abtransport von Giftstoffen. Außerdem regt es den Stoffwechsel an, was beim Abnehmen sehr willkommen ist.

Zimt

Nicht nur der herrlich warme Geruch und der intensive Geschmack machen Zimt so beliebt, sondern auch die positiven Eigenschaften auf den Blutzucker- und Insulinspiegel. Dies führt zu einem längeren Sättigungsgefühl und verhindert so unnötige Kalorienaufnahmen.

Kümmel

Die im Kümmel enthaltenen Phytosterine haben einen positiven Einfluss auf die Cholesterinwerte, da Sie das schädliche LDL Choleterin senken können. Cumin beruhigt außerdem den Magen- Darmtrakt und macht Speisen somit bekömmlicher. Auch dieses Gewürz regt den Stoffwechsel an und unterstützt die Verdauung.

Oregano

Dieses Gewürz ist aus der italienischen Küche nicht wegzudenken und erfreut sich auch in vielen anderen Ländern großer Beliebtheit. Nicht ohne Grund, denn abgesehen vom intensiven Geschmack enthält Oregano auch viele ätherische Öle wie Thymol welches eine verdauungsfördernde Wirkung sowie positiven Einfluss auf Leber und Galle hat. Des Weiteren hilft Oregano die Darmflora gesund und Ihr Gewicht unten zu halten.

Ingwer

Die scharfe Wurzel gilt inzwischen als absolutes Superfood. Ingwer hilft bei Übelkeit, fördert die Verdauung und wirkt positiv auf Blutfett- und Cholesterinwerte.

Wie Sie sehen bietet das Gewürzregal eine breite Palette an schmackhaften Möglichkeiten dem Körper etwas Gutes zu tun und ein paar Kalorien zusätzlich zu verlieren. Sehen Sie diese Möglichkeit aber nur als das was sie tatsächlich ist. Es ist das Tüpfelchen auf dem i und keine Wunderwaffe, oder gar ein Ersatz für gesund Ernährung. Wer sich sehr gut ernährt, kann mit der richtigen Auswahl aber noch das Letzte herausholen.

Der Endgegner

Nun haben Sie sich ja bereits ein weitreichendes Wissen zum Thema Ernährung angeeignet und können die Versorgung Ihres Körpers sehr präzise steuern. Doch trotz all diesem Wissen kann es vorkommen, dass "Er" Sie irgendwann überkommt. "Er" ist Ihr hartnäckigster Feind, sozusagen Ihr Endgegner und Sie sollten perfekt vorbereitet sein wenn "Er" wieder zuschlägt. "Er" ist Ihr **Heißhunger**!

Doch was ist der sogenannte Heißhunger eigentlich?

Jeder kennt dieses Gefühl. Jede Zelle Ihres Körpers schreit förmlich nach einer bestimmten Speise, einem Geschmack, oder einem Lebensmittel. Es kann so intensiv und so hartnäckig sein, dass Sie sogar eine Autofahrt zum nächstgelegenen Supermarkt oder des Nächtens zum 24 Stunden Tankstellenshop auf sich nehmen, nur um Ihren Heißhunger zu befriedigen. Ähnlich dem Verhalten eines Rauchers der spät abends bemerkt, dass sein Vorrat an Zigaretten aufgebraucht ist. Die Gedanken kreisen in diesem Moment nur noch um das Objekt der Begierde und es ist beinahe unmöglich diesem Verlangen zu widerstehen.

Das Verlangen kann nach den unterschiedlichsten Dingen sein, aber alle haben sie eines gemeinsam. Sie sind in den allerseltensten Fällen gesund und noch seltener das was Ihr Körper in diesem Moment tatsächlich braucht. Schokolade, salziges oder fettiges Essen sind hier die Spitzenreiter. Mir ist hingegen kein Fall bekannt in dem jemand von einer Heißhungerattacke auf Brokkoli berichtet hat. Doch eines ist gewiss, Ihr Körper will im Grunde keine Schokolade, keine Chips und auch keinen vor Fett triefenden Burger. Was ihm fehlt und wonach er somit verlangt sind bestimmte

Nährstoffe. Sie haben ihm nur nie genau zugehört und ihn stattdessen mit diesen ungesunden Produkten ruhig gestellt und Ihr Gehirn darauf konditioniert, dass beispielsweise Schokolade die Lösung ist. War sie aber nie und wird es auch zukünftig nie sein. Wenn Ihrem Auto der Treibstoff ausgeht, ist die Lösung auch nicht, einen Liter Scheibenwaschflüssigkeit nachzufüllen! Ja, Sie haben etwas hinein gekippt, aber es verbessert die Situation nicht wirklich.

Ausgelöst wird Heißhunger durch unterschiedlichste Faktoren.
Die Häufigsten sind:

• Unregelmäßige Mahlzeiten

• Stress

• Schlafmangel

• Bewegungsmangel

• Dehydration, also Wassermangel

• Langeweile

• Schwangerschaft

Sehen wir uns also an, wonach Ihr Körper tatsächlich verlangt und wie Sie dieses Verlangen optimal befriedigen können.

Heißhunger auf	Möglicher Mangel	Alternative
Schokolade	Magnesium	Nüsse, grünes Gemüse
Chips/ salziges	Natrium	Wasser, Oliven
Fettiges (Burger, Pizza)	Omega 3 Fettsäuren	Lachs, Walnüsse
Fleisch	B-Vitamine, Eisen	Nüsse, Hülsenfrüchte, Haferflocken

7. Nahrungsergänzungsmittel

Wie der Name ja bereits unmissverständlich erklärt, sind Nahrungsergänzungsmittel dazu gedacht, unsere Nahrung zu ergänzen. Es bedeutet nicht, dass sie hochwertige Lebensmittel ersetzen oder minderwertige Lebensmittel verbessern können. Wenn Sie sich die ganze Woche von Fast Food, Softdrinks und Süßigkeiten ernähren und glauben, als Ausgleich abends eine Hand voll Vitamin- und Mineralstofftabletten sowie einen Proteinshake nach dem Training einzuwerfen, macht alles wieder gut, muss ich Sie leider bitter enttäuschen. Auch die besten Nahrungsergänzungen können keine voll- und hochwertige Ernährung ersetzen und den Müll den Sie gegessen haben können diese Mittel auch nicht wieder aus Ihnen heraus zaubern. Die Grundlage ist und bleibt ein ausgewogenes Verhältnis an Nährstoffen aus naturbelassenen Lebensmitteln. Daran führt kein Weg vorbei! Sobald Sie Ihre Ernährung im Griff haben, werden Sie merken, dass es gar nicht nötig ist, Ihr hart verdientes Geld für irgendwelche Präparate zum Fenster hinaus zu werfen. Der durchschnittliche Mensch und Freizeitsportler kann seinen Bedarf problemlos mit der normalen Nahrungsaufnahme decken. Erst wenn Sie an der Schwelle sind, diesen Normalbereich zu verlassen, weil Sie sich in Richtung Leistungssport orientieren, dann kommen Sie an dem einen oder anderen Ergänzungsmittel nicht vorbei.

Soviel zur ganzen Wahrheit, doch mir ist durchaus bewusst, dass die richtigen Nahrungsergänzungsmittel einem das Leben auch ungemein erleichtern können. Um Ihnen den Einstieg in Ihre neue Ernährung etwas zu erleichtern, werde ich Ihnen einige Mittel näher bringen, die Ihnen dabei helfen sich schneller umzustellen und langfristig damit zu leben. Bei aller Moral und bei allem Wissen, sollten Sie nicht vergessen, dass es sich hierbei nur um eine Krücke für schlechte und mangelhafte Ernährung handelt. Ihr oberstes Ziel ist es, einen ordentlichen und beständigen Weg zu finden, dass Sie Ihren neuen Ernährungsweg mit Freude und Kontinuität gehen können. Nur dann und wirklich nur dann wird es von Dauer und auch mit Erfolg gekrönt sein.

Bei der Auswahl an Nahrungsergänzungsmitteln sollten Sie sich ausschließlich auf Produkte verlassen, die Ihnen Nährstoffe liefern. Also Proteine, Kohlehydrate, Fette, Vitamine und Mineralstoffe in allen Formen und Unterformen. Ich möchte Sie eindringlich bitten, sich von dubiosen Mitteln zur Fettverbrennung oder Leistungssteigerung fernzuhalten. Sofern diese aus natürlichen Stoffen bestehen ist deren Wirkung, wenn überhaupt, sehr gering und nicht ihr Geld wert. Alle chemischen Substanzen können zwar enorme Wirkungen erzielen, doch diese sind dann entweder rezeptpflichtig, oder fallen gar in die Kategorie anaboler Steroide, was sie nicht nur illegal, sondern auch teils lebensgefährlich macht. Alles was Ihnen als sensationelles Wundermittel, welches Ihre Pfunde ohne jede Mühe und Nebenwirkungen schmelzen lässt angepriesen wird, hilft genau einem, nämlich dem der es Ihnen verkauft hat! Es gibt keine Abkürzung, keinen streng geheimen Weg und keine Wunderpillen. Verlassen Sie sich auf Ihr neues Wissen über Nährstoffe, die Funktionen Ihres Körpers und bewährte Nahrungsergänzungen.

Multivitaminpräparat

Wie Sie gesehen haben, gibt es eine Menge unterschiedlicher Vitamine die unser Körper täglich in unterschiedlichen Mengen benötigt. Den Bedarf jedes einzelnen gezielt über eine sorgfältig zusammengesetzte Kombination aus Lebensmitteln zu decken, ist durchaus möglich, doch müssen Sie sich hier schon intensiv mit der Vitaminkonzentration aller Produkte beschäftigen. Ein hochwertiges Präparat erleichtert Ihnen hier das Leben ungemein. Halten Sie sich genau an die Herstellerangabe, denn einige Vitamine können bei Überdosierung auch negative Auswirkungen haben. Viel hilft, viel sollte hier aber nicht Ihr Motto sein.

Multimineralpräparat

Ähnlich wie bei Vitaminen sieht es auch bei Mineralstoffen aus. Sorgen Sie für eine optimale Dosierung und achten Sie ebenfalls auf einen vertrauenswürdigen Hersteller, welcher nur die hochwertigsten Rohstoffe verwendet. Sollten Sie sich unsicher sein, welche Produkte geeignet sind, wird Sie ein Arzt oder Apotheker gerne beraten und Ihnen vermutlich auch geeignete Präparate empfehlen.

Omega-3

Diese Fettsäure haben einen positiven Einfluss auf Ihre Blutwerte, die Gesundheit von Herz und Gehirn und senken das Risiko an Krebs zu erkranken. Die ausreichende Aufnahme ist über fettigen Fisch wie zum Beispiel Lachs zwar problemlos möglich, doch mag nicht jeder den Geschmack von Fisch und wenn doch werden Sie trotzdem nicht täglich welchen essen. Omega-3 Fettsäuren können sehr einfach und kostengünstig in Kapselform eingenommen werden. Auch hier rate ich jedoch von einer Überdosierung ab, da zu große Mengen einen negativen Einfluss auf den Cholesterinspiegel haben können.

Proteinpulver

Bei keinem anderen natürlichen Nahrungsergänzungsmittel denken so viele Menschen sofort an riesige, schwitzende Bodybuilder wie bei Proteinshakes. Der Irrglaube, dass diese nach Schokolade, Vanille, Erdbeere oder sonstigen

Varianten schmeckenden Drinks, alle Menschen in muskelbepackte Fleischberge verwandelt, hält sich hartnäckig, doch glauben Sie mir, nicht die Proteinshakes haben die Figur dieser Athleten geformt! Im Grunde ersetzen sie nur eine proteinreiche Nahrung direkt nach dem Training. Da jedoch nicht jeder sofort die Möglichkeit oder Lust hat 500 g Putenbrust mit 300 g Reis zu essen und das am besten innerhalb von 30 Minuten nach Trainingsende, sind Shakes bestehend aus Proteinpulver mit Wasser oder Magermilch eine gute Alternative. Unterschieden werden die Proteinarten nach der Geschwindigkeit in der sie für den Körper verfügbar sind. Hier unterscheiden wir in sehr schnell verfügbares Whey Protein, sehr langsam verfügbares Casein Protein oder einem Mehrkomponenten Protein, welches sowohl schnelle als auch langsame Varianten enthält. Je nach Einnahmezeitpunkt können Sie hier also das passende Produkt wählen.

Whey Protein

Morgens einnehmen, da der Körper nach der Nacht schnell wieder mit Eiweiß versorgt werden sollte und nach dem Training, da hier die Muskulatur schnell neuen Baustoff benötigt.

Casein Protein

Vor dem Schlafen zuführen, da der Körper lange Zeit mit Eiweiß versorgt bleibt, obwohl keine Nahrung zugeführt wird, oder wenn Sie wissen, dass sie an einem Tag längere Zeit nicht die Möglichkeit haben zu essen.

Mehrkomponenten Protein

Für alle die sich nicht mehrere unterschiedliche Dosen mit Pulver besorgen und eines für alle Zeitpunkte und Anwendungsbereiche haben wollen. Sie haben dann zwar nicht immer das zu 100% passende Protein, aber immer das zumindest 80% Richtige. Auch hier gilt wieder, entscheiden Sie sich für die Variante, die Sie dauerhaft beibehalten können. Besser das 80% richtige Produkt kontinuierlich verwenden, als das 100% Richtige nur für 3 Wochen. Diese Proteinpulver sind in unzähligen Geschmacksrichtungen erhältlich und eignen sich auch hervorragend um süßen Gerichten einen beliebigen Geschmack zu verleihen, ohne Zucker dafür verwenden zu müssen.

Kommen wir nun zu den Nahrungsergänzungen, welche Sie unbedingt vermeiden sollten, weil sie entweder völlig wirkungslos oder gar schädlich für Ihren Körper sind.

Fat burner

So werden diverse Nahrungsergänzungsmittel bezeichnet, die vermeintlich dazu fähig sind, Ihre Fettdepots schmelzen zu lassen. Die kleinen, mit Pulver gefüllten Kapseln beinhalten eine Mischung aus unterschiedlichen Pflanzenextrakten, Koffein, Taurin, L-Carnitin und vielen weiteren Stoffen. Diese Produkte sind darauf ausgelegt den Stoffwechsel zu beschleunigen und die Körpertemperatur leicht zu erhöhen. Dadurch verbraucht der Körper mehr Energie, was zu einem erhöhten Fettabbau führen soll. In der Theorie kling das ja durchaus plausibel, doch ist die

Wirkung dermaßen gering, dass sich der Einsatz aufgrund des meist hohen Preises einfach nicht lohnt. Den gleichen Effekt können Sie gesünder und günstiger mit einigen Tassen grünem Tee und der Zugabe von Chili in ein Gericht pro Tag ganz einfach selbst erzielen.

Testosteron-booster

Testosteron ist das Männlichkeitshormon und maßgeblich für den Aufbau von Muskelmasse verantwortlich. Um diesen zu steigern und so die Geschwindigkeit in der Muskeln aufgebaut werden, zu erhöhen, bieten unzählige Hersteller diese Präparate an. Sie bestehen aus einer Mischung aus Zink, Tribulus Terrestris, Ginseng, Maca, Ashwagandha, Selen und anderen Wirkstoffen. Jeder dieser Stoffe hat nachweislich die Eigenschaft den Testosteronspiegel zu erhöhen, doch auch hier steht der hohe Preis in keiner Relation zur Wirkung. Wenn Sie ein gutes Multimineralprodukt verwenden, wird beispielsweise Zink bereits enthalten sein und Ihr Testosteronspiegel, sofern Sie gesund sind, in einem normalen Bereich liegen. Sollten Sie tatsächlich an einer Störung des Hormonhaushaltes leiden und Ihr Testosteronwert weit unter dem normalen Bereich liegen, dann helfen Ihnen diese Präparate genau nichts, dann sollten Sie sich auf jeden Fall von einem Arzt beraten lassen, ob eventuell eine Testosteron-Ersatztherapie notwendig ist.

An dieser Stelle nochmals meine eindringliche Warnung: Lassen Sie die Finger von allen Produkten, welche in die Kategorie verschreibungspflichtige Medikamente, anabol androgene Steoide (im Volksmund auch als Anabolika bezeichnet), SARMS oder jegliche Art von Hormonen (Wachstumshormone, Insulin) fallen. Diese Medikamente werden leider auf vielen Social-Media-Kanälen und einschlägigen Foren zu unrecht völlig verharmlost und regelrecht normalisiert. Wenn man sich solche Beiträge längere Zeit ansieht, bekommt man schnell den Eindruck, dass das Risiko doch sehr überschaubar ist und ohnehin fast jeder das eine oder andere Medikament zur Steigerung von Muskelmasse oder zum Verlust von Körperfett einsetzt. Doch dies ist einfach nur gelogen! Das Risiko ist nicht kalkulierbar und immer wieder sterben teils junge Menschen am Missbrauch dieser Substanzen. Selbst wenn die Nebenwirkungen nicht gleich zum Tod führen, so werden welche auftreten und manche davon treten erst Jahre nach der Verwendung des Stoffes auf. So kann es sein, dass Sie Ihre Leber innerhalb weniger Monate irreparabel zerstören, Ihre Haut mit Akne völlig entstellen oder Sie im besten Fall nur Ihre Haare verlieren. All das kann auftreten und Sie können im Vorfeld nichts davon ausschließen, ganz egal was Ihnen ein Prediger erzählt. Diese Nebenwirkungen werden mit diversen zusätzlichen Medikamenten bekämpft, was wiederum neue Nebenwirkungen zufolge haben kann. Sie befinden sich ganz schnell in einer Abwärtsspirale die drastische Folgen für Ihren Körper hat.

Es ist Ihr Leben und Ihre Gesundheit auf die Sie achten sollten und das Risiko, welches der Einsatz solcher Substanzen mit sich bringt, steht in keiner Relation zum Erfolg, den Sie dadurch erzielen können.

8. Mythen

Bevor wir uns im nächsten Kapitel ganz genau dem Thema Training widmen und Sie ja bereits ein fundiertes Wissen über Ernährung gewonnen haben, werden wir die gängigsten Mythen zum Thema Training und Ernährung beleuchten und entkräften. Viele davon werden Sie bereits von diversen Freunden, Bekannten oder Predigern gehört haben. Im Anschluss wissen Sie, dass es tatsächlich nur Mythen sind und werden diese oder ähnliche zukünftig nicht mehr glauben.

Legen wir los:

Mythos 1: "Wenn ich Gewichte hebe, werde ich über Nacht zum Hulk!"
Entkräftung: Keine Sorge, das Heben von Gewichten wird Sie nicht über Nacht in einen grünen Muskelberg verwandeln. Tatsächlich ist Krafttraining ein wichtiger Bestandteil eines ausgewogenen Fitnessprogramms. Es hilft Ihnen, Ihre Muskeln zu stärken, Ihren Stoffwechsel anzukurbeln und Ihren Körper zu formen. Dieser Prozess dauert jedoch einige Monate bis viele Jahre, je nachdem welche Menge an Muskelmasse Sie aufbauen wollen. Also, keine Angst vor den Hanteln!

Mythos 2: "Cardio ist der einzige Weg, um Fett zu verbrennen!"
Entkräftung: Ah, der gute alte Cardio-Mythos. Ja, Cardio ist großartig, um Kalorien zu verbrennen und Ihre Ausdauer zu verbessern. Aber es ist nicht der einzige Weg, um Fett zu

verbrennen! Krafttraining ist genauso wichtig, wenn nicht sogar wichtiger, um Ihren Stoffwechsel anzukurbeln und Muskeln aufzubauen. Denn je mehr Muskeln Sie haben, desto mehr Kalorien verbrennen Sie, auch im Ruhezustand. Also, lassen Sie die Hanteln nicht links liegen denn so würden Sie wertvolle Zeit verschwenden.

Mythos 3: "Wenn ich viel schwitze, verbrenne ich mehr Fett!"
Entkräftung: Das Sprichwort besagt: „Kein Fleiß, kein Preis" und nicht: „Kein Schweiß, kein Preis"! Ja, wenn Sie während des Trainings schwitzen, fühlen Sie sich sicherlich wie ein echter Fitness-Guru. Aber hier ist die Wahrheit: Schwitzen ist kein direkter Indikator dafür, wie viele Kalorien Sie verbrennen oder wie effektiv Ihr Training ist. Schwitzen ist einfach eine natürliche Reaktion des Körpers, um sich abzukühlen. Also, lassen Sie sich nicht von Ihrem Schweißtropfen beeindrucken und konzentrieren Sie sich auf die Qualität Ihres Trainings.

Mythos 4: "Wenn ich nur Bauchübungen mache, bekomme ich schnell ein Sixpack!"
Entkräftung: Ja, Bauchübungen sind großartig, um Ihre Bauchmuskeln zu stärken. Aber hier ist die tatsächliche Sachlage: Wie bereits erwähnt, können Sie nicht gezielt Fett an einer bestimmten Stelle Ihres Körpers verbrennen. Um ein Sixpack zu bekommen, müssen Sie Ihren Körperfettanteil insgesamt reduzieren. Das bedeutet, dass Sie sich auf ein ausgewogenes Training und eine gesunde Ernährung konzentrieren sollten, um Ihren gesamten Körperfettanteil zu reduzieren. Also, vergessen Sie die Idee von "Spot-Reduktion" und arbeiten Sie an Ihrem Gesamtkörper!

Mythos 5: "Wenn ich keinen Muskelkater habe, habe ich nichts erreicht!"

Entkräftung: Immer wieder höre ich es: "No Pain, No Gain". Ja, Muskelkater kann ein Zeichen dafür sein, dass Sie hart gearbeitet haben. Aber er ist nicht der einzige Indikator für ein erfolgreiches Training. Jeder Körper ist anders und reagiert unterschiedlich auf das Training. Manchmal haben Sie vielleicht keinen Muskelkater, aber das bedeutet nicht, dass Sie nichts erreicht haben. Zu Beginn Ihrer Trainingsroutine werden Sie sehr häufig nach dem Training einen Muskelkater haben, doch wird dieser nach einigen Wochen nur noch sehr selten auftreten. Ihre Muskeln gewöhnen sich an die steigende Belastung und Schmerzen bleiben aus. Hören Sie auf Ihren Körper und achten Sie auf andere Zeichen wie gesteigerte Kraft, verbesserte Ausdauer und allgemeines Wohlbefinden.

Mythos 6: "Wenn ich nur ein bestimmtes Lebensmittel esse, werde ich sofort muskulös!"

Entkräftung: Ein für alle Mal: „ Es gibt kein magisches Lebensmittel, das Sie wie von Zauberhand in einen muskulösen Adonis oder eine muskulöse Amazone verwandelt!" Muskelaufbau erfordert ein ausgewogenes Training, eine angemessene Proteinzufuhr und Geduld. Also vergessen Sie die Idee von "Wundernahrungsmitteln" und konzentrieren Sie sich auf eine gesunde, ausgewogene Ernährung.

Mythos 7: "Wenn ich nach 18 Uhr esse, werde ich automatisch dick!"

Entkräftung: Oft hört man diesen Mythos auch als "No-Eating-After-6pm". Lieber vernünftiger Leser, es ist nicht die Uhrzeit, die zählt, sondern die Gesamtmenge und Art an Kalorien, die Sie über den Tag hinweg zu sich nehmen.

Wenn Sie Ihren Kalorienbedarf im Auge behalten und eine ausgewogene Ernährung verfolgen, spielt es keine Rolle, wann Sie essen. Also genießen Sie Ihr Abendessen ohne Sorgen um die Uhrzeit!

Mythos 8: „Nur schwere Gewichte sorgen für Muskelwachstum!"
Entkräftung: Es gibt so viele unterschiedliche Möglichkeiten wie Sie Ihre Muskeln zum Wachsen anregen können. Schwere Gewichte sind eine von vielen Möglichkeiten, doch ist das Ziel, außer Sie planen professionelle Powerlifter zu werden, einen sportlichen, fitten und gesunden Körper zu bekommen. Dafür ist es absolut nicht nötig Hantelstangen verbiegende Mengen an Gewichten zu verwenden. Ihre Muskeln kennen keine Zahlen! Weder jene die auf den Hanteln angedruckt sind, noch jene der Anzahl an Wiederholungen die Sie pro Übung ausführen. Ihre Muskeln kennen ausschließlich Spannung.

Lassen Sie sich nicht von diesen Fitnessmythen täuschen und von Predigern beeinflussen oder in die Irre führen. Konzentrieren Sie sich auf ein ausgewogenes Training, eine gesunde Ernährung und vor allem auf Spaß an der Bewegung. Und vergessen Sie nicht, dass Lachen auch ein gutes Training für die Bauchmuskeln ist!

9. Training

Punkt 1: Grundlagen des Krafttrainings
1.1 Was ist Krafttraining?
1.2 Die Vorteile von Krafttraining für unerfahrene und übergewichtige Menschen
1.3 Progressive Überlastung: Der Schlüssel zum Erfolg
1.4 Metabolische Überlastung: Wie sie den Fettabbau fördert

Punkt 2: Die Bedeutung der Muskelspannung
2.1 Was ist Muskelspannung und warum ist sie wichtig?
2.2 Übungen zur Steigerung der Muskelspannung
2.3 Die Rolle der Muskelspannung beim Abnehmen und Fitwerden

Punkt 3: Intensitätstechniken für maximale Ergebnisse
3.1 Was sind Intensitätstechniken und wie wirken sie?
3.2 Drop-Sets: Eine effektive Methode zur Steigerung der Intensität
3.3 Supersätze: Wie sie die Muskelspannung erhöhen
3.4 Pyramidentraining: Eine progressive Überlastungstechnik

Punkt 4: Trainingsplan, Übungsauswahl und Häufigkeit
4.1 Schritt-für-Schritt-Anleitung zur Erstellung eines Trainingsplans
4.2 Auswahl der richtigen Übungen für unerfahrene und übergewichtige Menschen
4.3 Trainingshäufigkeit und -dauer für optimale Ergebnisse

Punkt 5: Durchführung des Trainings
5.1 Korrekte Ausführung der Übungen: Tipps und Tricks
5.2 Steigerung der Intensität ohne Verletzungsrisiko

Punkt 6: Motivation und Fortschrittsverfolgung
6.1 Strategien zur Aufrechterhaltung der Motivation
6.2 Messung, Dokumentation und Verfolgung des Fortschritts

Punkt 1.1: Was ist Krafttraining?

Krafttraining ist eine Form des körperlichen Trainings, bei dem der Fokus auf dem Aufbau von Muskelkraft und -masse liegt. Es beinhaltet die Verwendung von Widerstand, sei es durch Gewichte, Maschinen, elastische Bänder oder das eigene Körpergewicht, um die Muskeln zu stimulieren und zu stärken. Vereinfacht gesagt, Sie müssen schwer heben, drücken, oder beugen. Gewichte können hier alles sein. Prall gefüllte Rucksäcke mit denen Sie Kniebeugen machen, ein Sack Gartenerde den Sie über den Kopf stemmen oder ganz altmodische Hanteln. Was auch immer Ihren Körper fordert, ist erlaubt. Hanteln und Gummibänder haben den Vorteil, dass bei korrekter Haltung die Gewichtsverteilung absolut gleichmäßig ist. Beim angesprochenen Sack voll Blumenerde kann es passieren, dass auf einer Seite mehr Gewicht lastet als auf der anderen, also achten Sie bei solchen Hilfsmitteln unbedingt auf eine Balance.

Für unerfahrene und übergewichtige Menschen kann Krafttraining eine äußerst effektive Methode sein, um

Gewicht zu verlieren und fit zu werden. Es bietet zahlreiche Vorteile, die über die reine Muskelentwicklung hinausgehen.

Einer der wichtigsten Aspekte des Krafttrainings ist die sogenannte progressive Überlastung. Dies bedeutet, dass die Belastung im Laufe der Zeit kontinuierlich erhöht wird, um den Muskeln neue Reize zu geben und sie zu stärken. Dies kann durch die Erhöhung des Gewichts, der Wiederholungszahl oder der Trainingsintensität erfolgen.

Die progressive Überlastung ist entscheidend, um Fortschritte im Krafttraining zu erzielen. Wenn die Muskeln nicht regelmäßig neuen Herausforderungen ausgesetzt werden, stagniert das Wachstum und die Entwicklung. Daher ist es wichtig, den Trainingsplan regelmäßig anzupassen und die Belastung zu erhöhen, um kontinuierliche Fortschritte zu erzielen. Denn auch hier gilt, wer immer das Gleiche macht, wird sich nie verbessern! Fordern Sie Ihren Körper bei jedem Training neu heraus und Sie werden erstaunt sein, dass er mit positiven Änderungen darauf reagiert.

Ein weiterer wichtiger Aspekt des Krafttrainings ist die metabolische Überlastung. Dies bezieht sich auf den Zustand, in dem die Muskeln während des Trainings stark beansprucht werden und der Stoffwechsel beschleunigt wird. Dies führt zu einer erhöhten Fettverbrennung und einem erhöhten Kalorienverbrauch, was wiederum zu einer Gewichtsabnahme führen kann. Deshalb führen kann, weil

Sie gleichzeitig auch neue Muskelmasse aufbauen und diese eben auch ein Gewicht hat.

Die metabolische Überlastung kann durch verschiedene Techniken erreicht werden, wie zum Beispiel Supersätze, bei denen zwei Übungen ohne Pause hintereinander ausgeführt werden oder Drop-Sets, bei denen das Gewicht nach einer bestimmten Anzahl von Wiederholungen reduziert wird, um die Muskeln weiter zu fordern.

Der wohl bedeutendste Aspekt im Training ist die Muskelspannung. Dies bezieht sich auf die Spannung, die in den Muskeln während des Trainings erzeugt wird. Je höher die Muskelspannung ist, desto effektiver ist das Training. Um die Muskelspannung zu erhöhen, ist es wichtig, die Übungen langsam und kontrolliert auszuführen und die Muskeln während der gesamten Bewegungsausführung aktiv zu halten.

Intensitätstechniken sind eine weitere Möglichkeit, die Muskelspannung zu erhöhen und das Training effektiver zu gestalten. Diese Techniken beinhalten die Verwendung von speziellen Methoden, um die Intensität der Übungen zu steigern, wie zum Beispiel Pyramidentraining, bei dem das Gewicht von Satz zu Satz erhöht wird, Supersätze, oder Drop-Sets.

Punkt 1.2: Die Vorteile von Krafttraining für unerfahrene und übergewichtige Menschen

Krafttraining bietet grundsätzlich für alle Menschen eine Vielzahl von Vorteilen, wenn es darum geht, abzunehmen, zuzunehmen und fit zu werden. Egal, ob Sie über- oder untergewichtig sind. Vielleicht sind Sie aber auch eine Mischung? In Fitnesskreisen oft auch als „skinny fat" bezeichnet. Dies sind im Verhältnis zu ihrer Größe eher leichtgewichtige Menschen welche jedoch nur einen sehr geringen Teil an Muskelmasse besitzen und dadurch, ... wie soll ich es ausdrücken... schwammig aussehen. Ja ich weiß, war jetzt vermutlich nicht die höflichste Bezeichnung, aber ich habe eben versprochen ehrlich mit Ihnen zu sein. Hier sind einige der wichtigsten Vorteile, die das Krafttraining für diese Zielgruppe bietet:

1. Fettverbrennung: Krafttraining ist eine effektive Methode, um Fett zu verbrennen. Während des Trainings werden die Muskeln stark beansprucht, was zu einem erhöhten Stoffwechsel führt. Dies bedeutet, dass der Körper auch nach dem Training weiterhin Kalorien verbrennt. Durch regelmäßiges Krafttraining kann der Körper seine Fähigkeit zur Fettverbrennung verbessern und somit zur Gewichtsabnahme beitragen. Zusätzlich erhöht die neu gewonnene Muskelmasse den Grundumsatz, was Ihnen in weiterer Folge erleichtert Ihr Gewicht beziehungsweise Ihren Körperfettanteil zu halten.

2. Muskelaufbau: Krafttraining hilft nicht nur beim Abnehmen, sondern auch beim Aufbau von Muskelmasse. Muskeln sind metabolisch aktiver als Fettgewebe, was bedeutet, dass sie mehr Kalorien

verbrennen, selbst im Ruhezustand. Durch den Aufbau von Muskelmasse kann der Stoffwechsel gesteigert werden, was wiederum zu einer erhöhten Fettverbrennung führt. Heißt also, je mehr Muskelmasse Sie besitzen, desto öfter können Sie sich geliebte Leckereien gönnen. Was Sie natürlich irgendwann nicht mehr werden, denn Sie haben sich ja an Ihre neue und gesunde Ernährungsform gewöhnt!

3. Verbesserung der Körperzusammensetzung: Krafttraining hilft dabei, die Körperzusammensetzung zu verbessern, indem es den Anteil an Muskelmasse erhöht und den Anteil an Körperfett reduziert. Dies führt zu einem strafferen und definierteren Körper. Auch in diesem Punkt profitieren sowohl dünne, als auch übergewichtige Personen. Egal ob Sie kleine Problemzonen haben, oder Sie Ihren Körper als gesamte Problemzone erachten, die Zusammensetzung wird sich auf jeden Fall zum positiven verändern.

4. Verbesserung der Knochengesundheit: Krafttraining ist auch gut für die Knochengesundheit. Durch das Training werden die Knochen belastet, was dazu führt, dass sie stärker und dichter werden. Dies kann das Risiko von Osteoporose und Knochenbrüchen verringern. Wer sein ganzes Leben lang Krafttraining betreibt, hat in höherem Alter weniger mit abnehmender Knochendichte zu kämpfen. Osteoporose ist leider sehr verbreitet. So hört man häufig von älteren Menschen die sich einen Oberschenkelhalsbruch zugezogen haben, jedoch nur sehr selten von jüngeren. Hier kann man mit

intensivem Krafttraining gut vorsorgen um nicht selbst einmal davon betroffen zu sein.

5. Verbesserung der Stoffwechselgesundheit: Krafttraining kann auch dazu beitragen, den Blutzuckerspiegel zu regulieren und die Insulinsensitivität zu verbessern. Dies ist besonders wichtig für Menschen mit Übergewicht oder einem erhöhten Risiko für Diabetes.

6. Verbesserung der körperlichen Funktion: Krafttraining hilft dabei, die körperliche Funktion zu verbessern und die allgemeine Fitness zu steigern. Es kann die Kraft, Ausdauer, Beweglichkeit und Balance verbessern, was im Alltag von großem Nutzen sein kann.

Um diese Vorteile zu maximieren, ist es wichtig, das Training richtig zu gestalten und über Jahre konsequent in den Alltag zu integrieren. Dies beinhaltet die Verwendung von progressiver Überlastung, metabolischer Überlastung, Muskelspannung und Intensitätstechniken.

Punkt 1.3: Progressive Überlastung: Der Schlüssel zum Erfolg

Progressive Überlastung ist ein essentieller Grundsatz des Krafttrainings und ein Schlüssel zum Erfolg. Es bezieht sich auf die schrittweise Erhöhung der Belastung im Laufe der Zeit, um den Muskeln kontinuierlich neue Reize zu geben und sie zu stärken. Wenn Sie über Monate mit dem gleichen Gewicht und der gleichen Wiederholungszahl trainieren, werden Sie merken, dass die Übung nicht mehr besonders anstrengend für Sie ist. Dies mag zwar angenehm sein, doch ist Entspannung nicht das oberste Ziel von Training. Ihre Muskeln haben sich an die Belastung gewöhnt und sehen keinen Grund weiter zu wachsen und stärker zu werden, denn alle Aufgaben die Sie ihnen stellen, können problemlos bewältigt werden.

Der Körper ist ein Wunderwerk und in der Lage sich an Belastungen, denen er ausgesetzt wird, anzupassen. Auch hier gilt wieder der Grundsatz: „Es wird sich nichts ändern, wenn Sie nichts ändern!" Um zu vermeiden, dass der Körper in eine Art Stillstand verfällt, ist es wichtig, die Belastung regelmäßig zu erhöhen.

Es gibt verschiedene Möglichkeiten, die progressive Überlastung im Krafttraining umzusetzen. Eine Möglichkeit besteht darin, das Gewicht zu erhöhen. Wenn Sie beispielsweise beim Bankdrücken mit 10 kg begonnen haben, können Sie nach einigen Wochen auf 12 kg oder mehr erhöhen. Dies stellt sicher, dass die Muskeln weiterhin gefordert werden und sich an die neuen Belastungen anpassen müssen.

Eine andere Möglichkeit besteht darin, die Anzahl der Wiederholungen zu erhöhen. Wenn Sie beispielsweise beim Bizepscurl 10 Wiederholungen mit einem bestimmten Gewicht durchführen, können Sie versuchen, in den nächsten Trainingseinheiten 12 oder 15 Wiederholungen zu erreichen. Dies stellt sicher, dass die Muskeln weiterhin gefordert werden und sich an die höhere Wiederholungszahl anpassen müssen.

Die Trainingsintensität ist ein weiterer wichtiger Faktor bei der progressiven Überlastung. Dies bezieht sich auf die

Schwierigkeit oder Anstrengung, die Sie während des Trainings empfinden. Wenn Sie beispielsweise bei Kniebeugen mit Ihrem eigenen Körpergewicht begonnen haben, können Sie im Laufe der Zeit zusätzliches Gewicht hinzufügen, um die Intensität zu erhöhen.

Es ist wichtig zu beachten, dass die progressive Überlastung individuell angepasst werden sollte. Jeder Mensch hat unterschiedliche Ausgangspunkte und macht Fortschritte in unterschiedlicher Geschwindigkeit. Es ist wichtig, auf seinen Körper zu hören und die Belastung entsprechend anzupassen. Lassen Sie sich hier von Predigern weder drängen noch bremsen. Jemand der Sie nicht kennt und Ihre Fortschritte genau beobachtet, kann nicht beurteilen wann und in welchem Umfang Sie die Belastung erhöhen sollten. Es ist auch wichtig, die richtige Form und Technik bei den Übungen beizubehalten, um Verletzungen zu vermeiden. Zu oft wird eine perfekte Ausführung für ein höheres Gewicht geopfert. Dies bewirkt nicht nur eine Stagnation der Fortschritte, sondern kann zu langwierigen Verletzungen oder völliger Demotivation führen. Lassen Sie Ihr Ego nicht gewinnen! Es ist völlig belanglos, wieviel Gewicht Sie bei den einzelnen Übungen bewältigen und noch viel belangloser, wieviel Gewicht andere verwenden. Ihre Muskeln können die Gewichtsangaben auf den Hanteln und Gewichtsscheiben nicht lesen! Sie verstehen nur die Spannung, welche Sie beim Training aufbauen.

Die progressive Überlastung ist entscheidend, um Fortschritte im Krafttraining zu erzielen. Wenn Sie Ihre Muskeln kontinuierlich neuen Herausforderungen aussetzten, werden sie stärker und größer. Dies führt zu einer verbesserten Muskelkraft und -masse.

Weiters erhöht die zunehmende Belastung den Stoffwechsel und die Fettverbrennung, da der Körper mehr Energie benötigt, um die erhöhte Belastung zu bewältigen. Dies kann dazu beitragen, Gewicht zu verlieren und den Körperfettanteil zu reduzieren.

Die progressive Überlastung kann auch dazu beitragen, die Knochengesundheit zu verbessern. Durch das Training mit schwereren Gewichten oder einer höheren Intensität werden die Knochen belastet und angeregt, stärker zu werden.

Punkt 1.4: Metabolische Überlastung: Wie sie den Fettabbau fördert

Metabolische Überlastung ist ein weiterer wichtiger Aspekt des Krafttrainings, der den Fettabbau fördert. Es bezieht sich auf die Erzeugung eines hohen Stoffwechselstresses während des Trainings, der den Körper dazu zwingt, mehr Energie zu verbrauchen und somit mehr Kalorien zu verbrennen.

Beim Krafttraining mit hoher Intensität und kurzen Ruhezeiten zwischen den Sätzen wird der Stoffwechsel stark angekurbelt. Dies führt zu einer erhöhten Energieverbrennung, während des Trainings und auch in den Stunden danach. Dieser Effekt wird als Nachbrenneffekt bezeichnet, bei dem der Körper weiterhin Kalorien verbrennt, um sich von der intensiven Belastung zu erholen.

Die metabolische Überlastung kann auf verschiedene Weisen erreicht werden. Eine Möglichkeit besteht darin, das Gewicht zu reduzieren und die Wiederholungszahl zu erhöhen. Durch die Durchführung von Übungen mit einem geringeren Gewicht, aber einer höheren Anzahl von Wiederholungen, wird der Stoffwechsel stark angeregt und der Körper in einen Zustand der metabolischen Überlastung versetzt.

Eine andere Möglichkeit besteht darin, Supersätze oder Zirkeltraining einzusetzen. Bei Supersätzen werden zwei Übungen direkt nacheinander ohne Pause durchgeführt, wodurch der Stoffwechsel zusätzlich angekurbelt wird. Beim Zirkeltraining werden mehrere Übungen in einer bestimmten Reihenfolge durchgeführt, wodurch der Körper kontinuierlich gefordert wird und der Stoffwechsel auf Hochtouren läuft.

Die metabolische Überlastung hat mehrere Vorteile für den Fettabbau. Durch die erhöhte Energieverbrennung während des Trainings und den Nachbrenneffekt wird der Kalorienverbrauch insgesamt gesteigert. Dies kann dazu beitragen, ein Kaloriendefizit zu erreichen, das für den Fettabbau erforderlich ist.

Darüber hinaus kann die metabolische Überlastung auch den Stoffwechsel langfristig verbessern. Durch regelmäßiges Training in einem Zustand der metabolischen Überlastung wird der Körper dazu angeregt, effizienter mit Energie umzugehen und den Stoffwechsel zu optimieren. Dies kann dazu führen, dass der Körper auch in Ruhe mehr Kalorien verbrennt und somit den Fettabbau unterstützt.

Ein weiterer Vorteil ist die Verbesserung der Insulinsensitivität. Insulin ist ein Hormon, das den Blutzuckerspiegel reguliert. Eine gesteigerte Insulinsensitivität bedeutet, dass der Körper besser auf

Insulin reagiert und den Blutzuckerspiegel effizienter regulieren kann. Dies ist besonders wichtig für Menschen mit einem erhöhten Risiko für Diabetes oder Insulinresistenz.

Die metabolische Überlastung kann auch dazu beitragen, den Muskelaufbau zu fördern. Durch die hohe Belastung und den Stoffwechselstress werden die Muskeln dazu angeregt, sich anzupassen und zu wachsen. Dies führt zu einer verbesserten Muskelkraft und -masse, was wiederum den Stoffwechsel weiter ankurbelt und den Fettabbau unterstützt.

Punkt 2.1: Was ist Muskelspannung und warum ist sie wichtig?

Muskelspannung bezieht sich auf die Kontraktion und Anspannung der Muskeln während des Trainings. Wenn wir Gewichte heben oder Widerstandtraining durchführen, erzeugen unsere Muskeln Spannung, um die Belastung zu bewältigen. Diese Muskelspannung ist entscheidend für die Effektivität des Trainings und hat eine Vielzahl von Vorteilen.

Eine ausreichende Anspannung der Muskulatur ist essenziell, um die gewünschten Ergebnisse des Trainings zu erzielen. Wenn die Muskeln nicht ausreichend angespannt sind, wird die Belastung nicht effektiv auf die Muskelfasern übertragen, was zu geringeren Fortschritten führen kann. Durch die Erzeugung von Muskelspannung wird die Belastung auf die Muskeln übertragen und sie werden dazu angeregt, sich anzupassen und stärker zu werden.

Sie ist ebenfalls von Bedeutung, um die richtige Technik und Ausführung der Übungen zu gewährleisten. Wenn die Muskeln nicht ausreichend angespannt sind, kann dies zu einer instabilen Körperhaltung führen und das Verletzungsrisiko erhöhen. Durch die Erzeugung der nötigen Spannung wird der Körper stabilisiert und die richtige Ausrichtung der Gelenke und Wirbelsäule unterstützt.

Darüber hinaus trägt Muskelspannung zur Verbesserung der Körperhaltung bei. Wenn die Muskeln nicht ausreichend angespannt sind, können sie ihre Funktion nicht optimal erfüllen und dies kann zu einer schlechten Körperhaltung führen. Durch die Erzeugung von Muskelspannung werden die Muskeln gestärkt und unterstützen eine natürliche und aufrechte Haltung.

Eine Steigerung der Muskelkraft kann ebenfalls nur durch eine ausreichende Kontraktion der Muskulatur erreicht werden. Wenn die Muskeln ausreichend angespannt sind, können sie mehr Kraft erzeugen und somit die Leistungsfähigkeit verbessern.

Praktische Beispiele für die Erzeugung von Muskelspannung könnten wie folgt aussehen:

- Beim Bankdrücken: Spannen Sie die Brustmuskeln an, indem Sie die Schulterblätter nach hinten und unten ziehen und die Brust nach oben drücken. Dadurch wird die Muskelspannung in der Brust erhöht und die Belastung effektiver auf die Muskeln übertragen.

- Bei Kniebeugen: Spannen Sie die Gesäßmuskeln an, indem Sie die Hüften nach hinten schieben und die Knie nach außen drücken. Kneifen Sie wortwörtlich die

Pobacken zusammen! Dadurch wird die Muskelspannung in den Gesäßmuskeln erzeugt und die Belastung effektiver auf die Muskeln übertragen. Dadurch schaffen Sie auch mehr oder schwerere Wiederholungen, da ein sehr großer Muskel bewusst eingesetzt wird.

- Beim Bizeps-Curl: Spannen Sie den Bizeps an, indem Sie den Arm vollständig strecken und den Bizeps aktiv zusammenquetschen. Stellen Sie sich vor Sie hätten eine Walnuss in Ihrer Armbeuge liegen und wollen diese durch Abwinkeln des Armes in der Beuge knacken. Weiters drehen Sie in der Aufwärtsbewegung das Handgelenk nach außen um alle Muskelfasern zu aktivieren. Diese Drehung wird auch Supination genannt und kann bei dieser Übung den entscheidenden Unterschied machen.

Es ist wichtig zu beachten, dass die Muskelspannung individuell angepasst werden sollte. Jeder Mensch hat unterschiedliche Fähigkeiten und Grenzen, daher ist es wichtig, das Training entsprechend anzupassen. Es ist auch wichtig, auf den eigenen Körper zu hören und nichts zu erzwingen, denn dies kann im schlimmsten Fall zu Verletzungen führen und Sie für längere Zeit trainingsunfähig machen. Gehen Sie ruhig an Ihre Grenzen und fordern Sie Ihren Körper jedes Mal etwas mehr, doch immer mit Vernunft und Bedacht!

Um herauszufinden, ob Sie einen Muskel kontrolliert und maximal anspannen können, versuchen Sie ihn so stark Sie können anzuspannen und diese Spannung zu halten. Sollten Sie dies länger als 30-40 Sekunden aushalten, war die Spannung nicht groß genug. Nur wenn Sie innerhalb dieser

Zeitspanne ein äußerst unangenehmes, beinahe krampfartiges Ziehen im Muskel spüren und Sie sich nicht länger überwinden können die Spannung aufrecht zu erhalten, nur dann haben Sie ihn maximal angespannt.

Punkt 2.2: Übungen zur Steigerung der Muskelspannung

Es gibt verschiedene Übungen, die speziell darauf abzielen, die Muskelspannung zu steigern und somit die Effektivität des Trainings zu verbessern. Diese Übungen konzentrieren sich darauf, die Muskeln gezielt anzuspannen und die Belastung auf sie zu erhöhen. Im Folgenden werden einige Beispiele für solche Übungen vorgestellt:

1. Isometrische Übungen: Bei isometrischen Übungen wird die Muskelspannung gehalten, ohne dass sich die Länge des Muskels ändert. Ein Beispiel dafür ist der Plank, bei dem man in einer Liegestützposition den Körper in einer geraden Linie hält. Diese Übung erfordert eine starke Muskelspannung in den Bauchmuskeln, Armen und Beinen, um die Position zu halten. Gehen Sie während des Plank all diese Bereiche im Geiste durch und versuchen Sie die Spannung so stark wie möglich zu erhöhen.

2. Konzentrische Übungen: Bei konzentrischen Übungen wird die Muskelspannung während der Kontraktion des Muskels erhöht. Ein Beispiel dafür ist der Bizeps-Curl, bei dem man die Hantel zum Schulterbereich anhebt. Durch die gezielte Anspannung des Bizeps

während der Bewegung wird die Muskelspannung erhöht und die Belastung auf den Muskel verstärkt.

3. Exzentrische Übungen: Bei exzentrischen Übungen wird die Muskelspannung während der Dehnung des Muskels erhöht. Ein Beispiel dafür ist das langsame Absenken der Hantel beim Bankdrücken. Versuchen Sie gezielte die Anspannung der Brustmuskeln während der langsamen Absenkung aufrecht zu erhalten.

4. Supersätze: Supersätze sind eine Technik, bei der zwei Übungen für verschiedene Muskelgruppen direkt hintereinander durchgeführt werden, ohne Ruhezeit dazwischen. Durch diese Art des Trainings wird die Muskelspannung erhöht, da die Muskeln kontinuierlich arbeiten müssen. Ein Beispiel für einen Supersatz ist die Kombination von Kniebeugen und Ausfallschritten, bei der die Beinmuskulatur intensiv beansprucht wird.

5. Pausenreduziertes Training: Beim pausenreduzierten Training werden die Ruhezeiten zwischen den Sätzen verkürzt, um die Muskelspannung aufrechtzuerhalten. Durch die Reduzierung der Ruhezeiten wird der Muskel gezwungen, kontinuierlich zu arbeiten und die Muskelspannung aufrechtzuerhalten. Dies kann beispielsweise bei Übungen wie Klimmzügen, Sit up oder Kniebeugen angewendet werden.

6. Bei einseitig ausgeführten Übungen oder bei jenen wo Sie Ihre Hände frei haben, legen Sie die Hand auf die Zielmuskulatur und fühlen Sie wie Ihr Muskel arbeitet. Sie werden fühlen, wies sich der Muskel

zusammenzieht und hart wird. So können Sie das Ansprechen erheblich verbessern.

7. Versuchen Sie tagsüber öfters zwischendurch diverse Muskeln anzuspannen. Keine Angst, dies kann völlig unauffällig gemacht werden. Sie müssen nicht im Büro vor Ihrem Schreibtisch alle Posen im Bodybuilding präsentieren, es genügt wenn Sie zum Beispiel sitzend versuchen Ihre obere Rückenmuskulatur anzusprechen indem Sie bewusst die Schulterblätter Richtung Wirbelsäule ziehen. Ein positiver Nebeneffekt ist, Sie sitzen dadurch auch aufrechter!

Punkt 2.3: Die Rolle der Muskelspannung beim Abnehmen und Fitwerden

Wenn Sie die Zielmuskulatur nicht bewusst anspannen können, wird auch das Training dieser Muskeln weniger effektiv sein. Das Ziel jeder einzelnen Wiederholung ist, dass der angepeilte Muskel oder die Muskelgruppen möglichst hart arbeiten müssen und nicht, dass Sie ein Gewicht oder Ihren eigenen Körper von Punkt A nach Punkt B bewegen. Dies bedeutet, jeglicher Schwung oder Ausweichbewegungen mindern den Erfolg des Trainings. Versuchen Sie also den Muskel von Beginn bis Ende der Bewegung bewusst zu spannen. Anfänglich wird Ihnen dies nur bei einigen Muskeln wie dem Bizeps oder dem Po richtig gut gelingen, denn diese haben Sie vielleicht schon öfters bewusst angespannt. Bei allen anderen Muskeln müssen Sie es noch lernen oder besser gesagt, Ihr Gehirn muss lernen, den Muskel anzusprechen. Diese Ansprache nennt sich „mind muscle connection". Also zu Deutsch, die

Verbindung aus Geist und Muskel. Je öfter Sie es schaffen die Zielmuskulatur anzuspannen, desto effektiver wird Ihr Training, denn bei steigender Belastung wird es auch zunehmend schwieriger, diese isolierte Spannung aufzubauen. Lassen Sie sich von einem geschulten Trainer einmal genau erklären, wie welcher Muskel angespannt wird und trainieren Sie nur mit so viel Gewicht, dass Sie diese Spannung auch durchgängig halten können.

Punkt 3.1: Was sind Intensitätstechniken und wie wirken sie?

Intensitätstechniken sind eine Methode, um das Training auf ein höheres Niveau zu bringen und die Muskeln weiter zu fordern. Sie werden verwendet, um die Intensität einer Übung zu erhöhen und dadurch bessere Ergebnisse zu erzielen. Diese Techniken können in verschiedenen Trainingsprogrammen eingesetzt werden, unabhängig davon, ob das Ziel Gewichtsabnahme, Muskelaufbau oder allgemeine Fitness ist.

Der Hauptzweck von Intensitätstechniken besteht darin, die Muskeln über ihre normale Belastungsgrenze hinaus zu fordern. Dies führt zu einer erhöhten Muskelspannung und einer stärkeren Reaktion des Körpers auf das Training. Durch die Verwendung von Intensitätstechniken können Plateaus überwunden werden, bei denen der Körper sich an eine bestimmte Trainingsbelastung gewöhnt hat und keine weiteren Fortschritte erzielt werden.

Eine der Hauptwirkungen von Intensitätstechniken ist die Steigerung der Muskelmasse und -kraft. Durch das

Überladen der Muskeln mit zusätzlichem Widerstand oder durch die Veränderung der Trainingsvariablen wie Wiederholungszahlen oder Satzpausen werden die Muskeln dazu angeregt, sich anzupassen und zu wachsen. Dies führt zu einer verbesserten Muskeldefinition und -stärke.

Intensitätstechniken können auch den Stoffwechsel ankurbeln und die Fettverbrennung erhöhen. Durch die erhöhte Belastung und Anspannung der Muskeln wird der Energieverbrauch während des Trainings gesteigert. Dies führt zu einem erhöhten Kalorienverbrauch, auch nach dem Training, da der Körper Energie benötigt, um sich zu erholen und die Muskeln zu reparieren. Je nach Grad der Intensität kann dieser Effekt mehrere Stunden andauern. Eine erhöhte Stoffwechselrate kann dazu beitragen ein Kaloriendefizit zu schaffen und somit die Gewichtsabnahme zu unterstützen.

Eine weitere Wirkung dieser Techniken ist die Verbesserung der Ausdauer und der körperlichen Leistungsfähigkeit. Durch das Training mit höherer Intensität werden die Muskeln dazu angeregt, sich schneller zu erholen und sich an längere Belastungen anzupassen. Dies kann die Ausdauer und die Fähigkeit des Körpers verbessern, bei intensiven Aktivitäten länger durchzuhalten, da durch die intensive Belastung auch neue Blutgefäße gebildet und bestehende geweitet werden, was wiederum die Nährstoffversorgung der Muskeln fördert.

Intensitätstechniken können auch die Motivation und den Spaß am Training steigern. Durch die Verwendung von verschiedenen Techniken und die Variation des Trainings können Monotonie und Langeweile vermieden werden. Dies kann dazu beitragen, dass das Training interessant und herausfordernd bleibt, was die Motivation steigert und die Wahrscheinlichkeit erhöht, dass man am Ball bleibt.

Insgesamt sind Intensitätstechniken eine effektive Methode, um das Training auf ein höheres Niveau zu bringen und bessere Ergebnisse zu erzielen. Sie können die Muskelmasse und -kraft steigern, den Stoffwechsel ankurbeln, die Ausdauer verbessern und die Motivation steigern. Es ist wichtig, diese Techniken richtig und sicher anzuwenden, um Verletzungen zu vermeiden und optimale Ergebnisse zu erzielen.

Punkt 3.2: Drop-Sets: Eine effektive Methode zur Steigerung der Intensität

Drop-Sets sind eine beliebte Intensitätstechnik im Krafttraining, die verwendet wird, um die Muskeln über ihre normale Belastungsgrenze hinaus zu fordern. Diese Methode ermöglicht es, die Intensität einer Übung zu erhöhen, indem man den Widerstand während des Satzes reduziert, sobald die Muskeln erschöpft sind. Dadurch können mehr Wiederholungen durchgeführt werden und die Muskeln werden trotzdem weiterhin stimuliert.

Die Durchführung von Drop-Sets ist relativ einfach. Man beginnt mit einem schweren Gewicht, das man normalerweise für eine bestimmte Anzahl von Wiederholungen verwenden würde. Sobald man die Muskelerschöpfung erreicht hat und keine weiteren Wiederholungen bei sauberer Ausführung mehr durchführen kann, reduziert man das Gewicht um etwa 20-30% und führt weitere Wiederholungen aus. Dieser Vorgang kann mehrmals wiederholt werden, je nach individueller Fitness und Ermüdung der Muskeln.

Drop-Sets sind besonders effektiv, um die Muskeln zu erschöpfen und das Muskelwachstum zu fördern. Durch die Reduzierung des Gewichts können zusätzliche Wiederholungen durchgeführt werden, auch wenn die Muskeln bereits ermüdet sind. Dies führt zu einer erhöhten Muskelspannung und einer stärkeren Reaktion des Körpers auf das Training. Die Muskeln werden dazu angeregt, sich anzupassen und zu wachsen, um mit der erhöhten Belastung umzugehen.

Ein praktisches Beispiel für die Durchführung von Drop-Sets wäre das Bankdrücken. Man beginnt mit einem schweren Gewicht, das man normalerweise für 8-10 Wiederholungen verwenden würde. Sobald man die Muskelerschöpfung erreicht hat und keine weiteren Wiederholungen mehr durchführen kann, reduziert man das Gewicht um 20-30% und führt weitere Wiederholungen aus. Dieser Vorgang kann zwei- oder dreimal wiederholt werden, je nach individueller Fitness und Ermüdung der Brustmuskulatur.

Ein weiteres Beispiel wäre der Bizeps-Curl. Man beginnt mit einem schweren Gewicht, das man normalerweise für 6-8 Wiederholungen verwenden würde. Sobald man die Muskelerschöpfung erreicht hat und keine weiteren Wiederholungen mehr durchführen kann, reduziert man das Gewicht um 20-30% und führt weitere Wiederholungen aus. Auch hier kann die Reduktion beliebig oft wiederholt werden, je nach individueller Fitness und Ermüdung der Bizepsmuskulatur.

Drop-Sets können in verschiedenen Trainingsprogrammen eingesetzt werden, unabhängig davon, ob das Ziel Muskelaufbau, Kraftsteigerung oder allgemeine Fitness ist. Sie bieten eine effektive Möglichkeit, die Intensität des Trainings zu steigern und die Muskeln weiter zu fordern. Es ist jedoch wichtig, Drop-Sets mit Vorsicht durchzuführen, da sie sehr anstrengend sein können und ein erhöhtes Verletzungsrisiko mit sich bringen. Es ist ratsam, sie nur gelegentlich und in Maßen einzusetzen, um Überlastung und Übertraining zu vermeiden. Seien Sie besonders behutsam bei Übungen bei denen das Gewicht nicht jederzeit ohne Verletzungsrisiko abgelegt werden kann. Beim Bankdrücken kann es gefährlich werden, wenn Sie den Grad der Ermüdung unterschätzen und das Gewicht nicht zurück in die Ausgangsposition drücken können. Um hier ans Limit zu gehen, ist es ratsam mit einem Trainingspartner zu trainieren, der Ihnen notfalls behilflich sein kann.

In Maßen und mit Bedacht eingesetzt, sind Drop-Sets eine effektive Methode zur Steigerung der Intensität im Krafttraining. Sie ermöglichen es, die Muskeln über ihre normale Belastungsgrenze hinaus zu fordern und das Muskelwachstum zu fördern. Durch die Durchführung von Drop-Sets können zusätzliche Wiederholungen durchgeführt werden, auch wenn die Muskeln bereits ermüdet sind. Es ist wichtig, diese Technik richtig und sicher anzuwenden, um optimale Ergebnisse zu erzielen.

Punkt 3.3: Supersätze: Wie sie die Muskelspannung erhöhen

Bei dieser Methode werden zwei Übungen direkt nacheinander ohne Pause durchgeführt, wobei die selbe Muskelgruppe oder sogar antagonistische (also die Gegenspieler) Muskeln angesprochen werden. Dadurch wird die Belastung auf die Muskeln erhöht und die Muskelspannung verstärkt.

Wie auch bei Drop-Sets ist die Durchführung von Supersätzen relativ einfach. Man wählt zwei Übungen aus, welche die selben oder antagonistische Muskeln ansprechen. Zum Beispiel könnte man eine Übung für den Bizeps und eine Übung für den Trizeps kombinieren. Man führt zuerst eine Übung für den Bizeps aus, ohne Pause wechselt man dann zur Übung für den Trizeps. Erst nachdem beide Übungen abgeschlossen sind, macht man eine kurze Pause und wiederholt den Supersatz für die gewünschte Anzahl von Sätzen.

Supersätze sind besonders effektiv, um die Muskelspannung zu erhöhen und das Muskelwachstum zu fördern. Durch die Kombination von Übungen für verschiedene Muskelgruppen oder antagonistische Muskeln wird die Belastung auf die Muskeln erhöht. Dies führt zu einer erhöhten Muskelspannung und einer stärkeren Reaktion des Körpers auf das Training. Die Muskeln werden dazu angeregt, sich anzupassen und zu wachsen, um mit der erhöhten Belastung umzugehen.

Ein praktisches Beispiel für die Durchführung von Supersätzen wäre die Kombination von Bankdrücken und

Klimmzügen. Dies wäre ein Beispiel für antagonistische Muskelgruppen, denn beim Bankdrücken wird primär die Brustmuskulatur und bei den Klimmzügen die Rückenmuskulatur trainiert. Man beginnt mit dem Bankdrücken und führt eine bestimmte Anzahl von Wiederholungen aus, ohne Pause wechselt man dann zu den Klimmzügen und führt auch hier eine bestimmte Anzahl von Wiederholungen aus. Erst nachdem beide Übungen abgeschlossen sind, macht man eine kurze Pause und wiederholt den Supersatz so lange, bis die gewünschte Ermüdung der Muskulatur eingetreten ist.

Ein weiteres Beispiel wäre die Kombination von Kniebeugen und Ausfallschritten. Man beginnt mit den Kniebeugen und führt eine bestimmte Anzahl von Wiederholungen aus, ohne Pause wechselt man dann zu den Ausfallschritten und führt auch hier eine bestimmte Anzahl von Wiederholungen aus. Erst nachdem beide Übungen abgeschlossen sind, macht man eine kurze Pause und wiederholt den Supersatz für die gewünschte Anzahl von Sätzen.

Da Supersätze sowohl für die gleiche, als auch für antagonistische Muskelgruppen eingesetzt werden können, bieten Sie beinahe unbegrenzte Möglichkeiten und somit Abwechslung. Es ist jedoch wichtig, Supersätze mit Vorsicht durchzuführen, da sie sehr anstrengend sein können und ein erhöhtes Verletzungsrisiko mit sich bringen. Wie bei allen Intensitätstechniken ist ratsam, sie nur gelegentlich und in Maßen einzusetzen, um Überlastung und Übertraining zu vermeiden.

Punkt 3.4: Pyramidentraining: Eine progressive Überlastungstechnik

Diese Technik ermöglicht es, die Intensität einer Übung schrittweise zu steigern, indem man das Gewicht oder die Wiederholungszahl von Satz zu Satz anpasst. Dadurch werden die Muskeln kontinuierlich herausgefordert und angeregt, sich anzupassen und zu wachsen.

Man beginnt mit einem leichten Gewicht und einer höheren Wiederholungszahl, um die Muskeln aufzuwärmen und auf das Training vorzubereiten. In den folgenden Sätzen erhöht man das Gewicht und reduziert gleichzeitig die Wiederholungszahl. Dieser Prozess wird fortgesetzt, bis man das maximale Gewicht erreicht hat, das man für eine bestimmte Anzahl von Wiederholungen bewältigen kann. Anschließend kann man den umgekehrten Weg gehen und das Gewicht wieder reduzieren, während man die Wiederholungszahl erhöht.

Pyramidentraining ist besonders geeignet um die Muskeln progressiv zu überlasten und das Muskelwachstum zu fördern. Durch die schrittweise Steigerung des Gewichts und die Reduzierung der Wiederholungszahl werden die Muskeln kontinuierlich herausgefordert und stimuliert. Dies führt zu einer erhöhten Muskelspannung und einer stärkeren Reaktion des Körpers auf das Training. Anders als bei Drop-Sets wird das Gewicht zuerst schrittweise erhöht und erst beim Maximum wieder reduziert. Dadurch wird ein völlig neuer Wachstumsreiz gesetzt.

Ein praktisches Beispiel für die Durchführung von Pyramidentraining wäre das Bankdrücken. Man beginnt mit einem leichten Gewicht, das man für 12-15 Wiederholungen verwenden kann. In den folgenden Sätzen erhöht man das Gewicht und reduziert die Wiederholungszahl schrittweise. Zum Beispiel könnte man im zweiten Satz ein mittleres Gewicht für 10-12 Wiederholungen verwenden und im dritten Satz ein schweres Gewicht für 6-8 Wiederholungen. Anschließend kann man den umgekehrten Weg gehen und das Gewicht wieder reduzieren, während man die Wiederholungszahl erhöht.

Punkt 4.1 Schritt-für-Schritt-Anleitung zur Erstellung eines Trainingsplans

Ein individuell angepasster Trainingsplan ist entscheidend, um effektiv und zielgerichtet zu trainieren. Jeder Mensch hat unterschiedliche Ziele, Bedürfnisse und Voraussetzungen, daher ist es wichtig, einen Trainingsplan zu erstellen, der auf Ihre individuellen Bedürfnisse abgestimmt ist. Hier ist eine Schritt-für-Schritt-Anleitung, wie man seinen eigenen Trainingsplan erstellen kann, ohne auf irgendeinen pauschalen Plan eines Predigers vertrauen zu müssen:

1. Setzen Sie sich klare Ziele: Bevor Sie mit der Erstellung Ihres Trainingsplans beginnst, sollten Sie sich klare Ziele setzen. Möchten Sie Muskeln aufbauen, Fett verbrennen, Ihre Ausdauer verbessern oder Ihre allgemeine Fitness steigern? Definieren Sie Ihre Ziele wie bereits besprochen, um den Fokus Ihres Trainingsplans festzulegen. Meine Empfehlung für Untrainierte, Übergewichtige und jene die zur Gruppe der skinny- fat zählen, wäre an dieser Stelle, mit dem Aufbau von Muskelmasse zu beginnen. Fettabbau ist in weiterer Folge eine automatische Randerscheinung.

2. Berücksichtigen Sie Ihre Voraussetzungen: Jeder Mensch hat unterschiedliche Voraussetzungen und körperliche Fähigkeiten. Achten Sie auf Ihre individuellen Stärken und Schwächen, wie zum Beispiel Ihr Fitnesslevel, eventuelle Verletzungen oder gesundheitliche Einschränkungen. Es ist wichtig, dass Ihr Trainingsplan auf Ihre persönlichen Bedürfnisse abgestimmt ist. Als absoluter Anfänger würde ein Plan mit sechs Trainingseinheiten á drei Stunden pro Woche, sicherlich nicht optimal passen.

3. Wählen Sie die richtigen Übungen: Entscheiden Sie sich für Übungen, die Ihre Ziele unterstützen und auf Ihre individuellen Bedürfnisse abgestimmt sind. Wenn Sie beispielsweise Muskeln aufbauen möchten, sollten Sie Übungen auswählen, die die entsprechenden Muskelgruppen ansprechen. Wenn Sie Ihre Ausdauer verbessern möchten, sind Cardio-Übungen wie Laufen oder Radfahren als Ergänzung sinnvoll. Wenn Sie beispielsweise kürzlich eine Knieoperation hatten, wäre ein Trainingsplan mit schweren Kniebeugen und Ausfallschritten sicherlich nicht die vernünftigste Wahl.

4. Bestimmen Sie die Trainingshäufigkeit: Überlegen Sie, wie oft Sie pro Woche trainieren möchten und können. Die Trainingshäufigkeit hängt von Ihren Zielen, Ihrem Zeitplan und Ihrer körperlichen Belastbarkeit ab. Es ist wichtig, genügend Zeit für Erholung und Regeneration einzuplanen, um Verletzungen und Übertraining zu vermeiden. Es ist ratsam zu Beginn mindestens einen Tag zwischen den Trainingseinheiten für die Regeneration frei zu lassen.

5. Planen Sie Ihre Trainingseinheiten: Legen Sie fest, an welchen Tagen Sie trainieren möchten und welche Muskelgruppen oder Körperbereiche Sie an diesen Tagen beanspruchen möchten. Es ist wichtig, den unterschiedlichen Muskelgruppen ausreichend Zeit zur Erholung zu geben, daher ist eine ausgewogene Verteilung der Trainingseinheiten über die Woche hinweg wichtig. In bestimmten Ausnahmefällen wie Disbalancen oder einer besonders schwachen Muskelgruppe kann es eventuell sinnvoll sein, die betroffenen Bereiche verstärkt zu trainieren. Hier sollten Sie jedoch unbedingt den Rat eines geschulten Trainers einholen.

6. Bestimmen Sie die Intensität: Überlegen Sie sich, wie intensiv Sie trainieren möchten. Die Intensität kann durch das Gewicht, die Wiederholungszahl, die Satzanzahl oder die Pausenzeit zwischen den Sätzen beeinflusst werden. Wenn Sie Muskeln aufbauen möchten, sollten Sie mit höheren Gewichten und weniger Wiederholungen trainieren. Wenn Sie Ihre Ausdauer verbessern möchten, sind längere Trainingseinheiten mit weniger Gewicht und mehr Wiederholungen sinnvoll.

7. Berücksichtigen Sie die Progression: Ein guter Trainingsplan sollte eine Progression beinhalten, um kontinuierliche Fortschritte zu erzielen. Steigern Sie die Intensität, das Gewicht oder die Wiederholungszahl im Laufe der Zeit, um Ihre Muskeln weiter zu fordern und das Muskelwachstum oder die Leistung zu steigern.

8. Planen Sie die Erholung: Vergessen Sie nicht, ausreichend Zeit für Erholung und Regeneration

einzuplanen. Der Körper benötigt Zeit, um sich nach dem Training zu erholen und Muskeln aufzubauen. Achten Sie darauf, genügend Schlaf zu bekommen und Pausentage in Ihren Trainingsplan einzubauen.

9. Halten Sie sich an Ihren Plan: Ein Trainingsplan ist nur effektiv, wenn Sie sich auch tatsächlich daran halten. Disziplin und Kontinuität sind entscheidend, um Fortschritte zu erzielen. Halten Sie sich an Ihren Plan und passen ihn bei Bedarf an Ihre Fortschritte oder veränderten Ziele an. Sie haben den Plan ja immerhin selbst erstellt, also sollte es auch machbar sein, sich daran zu halten.

10. Überwachen Sie die Fortschritte: Behalten Sie Ihre Fortschritte im Auge, um zu sehen, ob Ihr Trainingsplan effektiv ist. Dies können Sie anhand verschiedener Parameter ganz einfach überwachen. Können Sie im Laufe der Zeit mehr Gewicht bewältigen, schaffen Sie mit dem gleichen Gewicht mehr Wiederholungen, oder ändert sich die Zusammensetzung Ihres Körpers? Wenn Sie mindestens eine dieser Fragen mit „ja" beantworten, dann machen Sie auch Fortschritte. Seien Sie aber nicht ungeduldig, denn Veränderung braucht Zeit.

Punkt 4.2 Auswahl der richtigen Übungen für unerfahrene und übergewichtige Menschen

Für unerfahrene und übergewichtige Menschen kann es eine Herausforderung sein, den richtigen Einstieg ins Training zu finden. Es ist wichtig, Übungen auszuwählen, die sicher und effektiv sind und gleichzeitig die individuellen Bedürfnisse und Fähigkeiten berücksichtigen. Hier sind einige Empfehlungen für die Auswahl der richtigen Übungen, die Ihnen den Start erheblich erleichtern werden:

Übungen, die zu Hause gemacht werden können:

1. Gehen oder Walken: Gehen oder Walken ist eine einfache und effektive Übung, die für fast jeden geeignet ist. Es ist gelenkschonend und kann leicht in den Alltag integriert werden. Beginnen Sie mit kurzen Strecken und steigern Sie sich allmählich. Um das Training noch intensiver zu gestalten, eignen sich Treppen, Steigungen oder Zusatzgewichte wie beispielsweise ein schwer bepackter Rucksack oder eine Gewichtsweste.

2. Körpergewichtsübungen: Übungen, die nur das eigene Körpergewicht erfordern, sind ideal für Anfänger geeignet und können bei korrekter Ausführung beeindruckende Ergebnisse liefern. Dazu gehören Kniebeugen, Ausfallschritte, Liegestütze, Planks, Crunches und Klimmzüge. Diese Übungen stärken die Muskeln und verbessern die Körperhaltung. Außerdem sind diese Übungen perfekt geeignet um die Mind-Muscle-Connection zu verbessern.

3. Yoga oder Pilates: Yoga und Pilates sind sanfte Übungsformen, die Flexibilität, Kraft und Entspannung fördern. Es gibt viele Online-Kurse oder Videos, die Anfängern helfen, die richtige Technik zu erlernen. Achten Sie bei der Auswahl solcher Videos aber darauf, dass sie von einem Profi und nicht von einem Prediger erstellt wurden!

4. Widerstandsband-Übungen: Widerstandsband-Übungen sind eine gute Möglichkeit, um Kraft aufzubauen, ohne schweres Gewicht zu verwenden. Diese Bänder bieten je nach Stärke Widerstand und können für verschiedene Übungen wie Bizeps-Curls, Schulterdrücken und Beinübungen verwendet werden. Sie sind außerdem günstig in der Anschaffung und benötigen nicht viel Platz zum Verstauen und können sogar mit auf Reisen genommen werden.

Übungen, für die ein Fitnessstudio benötigt wird:

1. Cardiogeräte: Das Fitnessstudio bietet eine Vielzahl von Cardiogeräten wie Laufbänder, Crosstrainer oder Fahrradergometer. Diese Geräte ermöglichen ein effektives Herz-Kreislauf-Training, das die Ausdauer verbessert und Kalorien verbrennt.

2. Krafttraining an Maschinen: Krafttrainingsmaschinen im Fitnessstudio sind ideal für Anfänger, da sie eine sichere und geführte Bewegung ermöglichen. Diese Maschinen zielen auf verschiedene Muskelgruppen ab und können individuell an die Bedürfnisse angepasst werden. Lassen Sie sich von einem geschulten Trainer die korrekt Verwendung dieser Geräte genau erklären.

3. Gruppenfitnesskurse: Gruppenfitnesskurse bieten eine motivierende Umgebung und eine Vielzahl von Übungen, die von qualifizierten Trainern geleitet werden. Kurse wie Zumba, Bodypump oder Spinning sind beliebt und bieten ein abwechslungsreiches Training.

4. Personal Training: Ein Personal Trainer kann dabei helfen, einen individuellen Trainingsplan zu erstellen und die richtige Technik zu erlernen. Sie können auch bei der Überwachung des Fortschritts und der Motivation unterstützen.

Bei der Auswahl der Übungen ist es wichtig, auf den eigenen Körper zu hören und auf Warnsignale wie Schmerzen oder Überanstrengung zu achten. Es ist ratsam, sich vor Beginn des Trainings von einem Arzt oder einem qualifizierten Trainer beraten zu lassen, insbesondere wenn gesundheitliche Bedenken bestehen.

Zusammenfassend ist es für unerfahrene und übergewichtige Menschen wichtig, Übungen auszuwählen, die sicher und effektiv sind. Sowohl Übungen, die zu Hause gemacht werden können, als auch solche, für die ein Fitnessstudio benötigt wird, bieten eine Vielzahl von Optionen. Es ist ratsam, langsam zu beginnen und sich allmählich zu steigern, um Verletzungen zu vermeiden und langfristige Fortschritte zu erzielen.

Punkt 4.3: Trainingshäufigkeit und -dauer für optimale Ergebnisse

Die Trainingshäufigkeit und -dauer sind entscheidende Faktoren für den Erfolg eines Trainingsprogramms. Es ist wichtig, die richtige Balance zu finden, um optimale Ergebnisse zu erzielen und gleichzeitig Überlastung und Verletzungen zu vermeiden. Hier sind einige Richtlinien, die bei der Festlegung der Trainingshäufigkeit und -dauer berücksichtigt werden sollten:

1. Trainingshäufigkeit: Die Trainingshäufigkeit bezieht sich auf die Anzahl der Trainingseinheiten pro Woche. Für die meisten Menschen wird empfohlen, mindestens drei bis fünf Trainingseinheiten pro Woche durchzuführen, um gute Ergebnisse zu erzielen. Dies ermöglicht ausreichend Zeit für die Regeneration zwischen den Trainingseinheiten und fördert den Muskelaufbau und die Verbesserung der Fitness.

2. Trainingsdauer: Die Trainingsdauer bezieht sich auf die Zeit, die für jede Trainingseinheit aufgewendet wird. Die optimale Trainingsdauer hängt von verschiedenen Faktoren ab, wie dem Fitnesslevel, den Zielen und der individuellen Zeitplanung. In der Regel wird empfohlen, mindestens 30 bis 60 Minuten pro Trainingseinheit zu trainieren, um die gewünschten Ergebnisse zu erzielen. Es ist jedoch wichtig, die Trainingsdauer schrittweise zu steigern, um Überlastung und Verletzungen zu vermeiden.

3. Intensität: Die Intensität des Trainings ist ein weiterer wichtiger Faktor, der berücksichtigt werden sollte. Die Intensität kann durch verschiedene Faktoren wie Gewicht, Wiederholungen, Geschwindigkeit und Ruhezeiten beeinflusst werden. Es ist wichtig, die Intensität dem eigenen Fitnesslevel anzupassen und schrittweise zu steigern, um Fortschritte zu erzielen. Einige Trainingseinheiten können eine höhere Intensität erfordern, während andere eher auf Erholung und Regeneration abzielen. Seien Sie sich bewusst, dass Sie sich entscheiden müssen, ob Sie intensiv oder

lange trainieren wollen, denn es geht nicht beides. Sie werden es nicht schaffen drei Stunden mit höchster Intensität zu trainieren. Wenn Ihre Intensität hoch genug ist, werden Sie im oben angesprochenen Zeitfenster von 30 - 60 Minuten erschöpft sein. Wenn nicht, haben Sie nicht hart genug trainiert!

4. Regeneration: Die Regeneration ist ein oft vernachlässigter Aspekt des Trainings, der jedoch von entscheidender Bedeutung ist. Ausreichende Erholungszeiten sind wichtig, um den Muskeln Zeit zur Reparatur und zum Wachstum zu geben. Es wird empfohlen, mindestens einen Ruhetag pro Woche einzuplanen, an dem keine intensiven Trainingseinheiten durchgeführt werden. Darüber hinaus können auch aktive Erholungsmaßnahmen wie Stretching, Yoga oder leichte Cardio-Übungen in den Trainingsplan integriert werden.

5. Individualisierung: Jeder Mensch ist einzigartig und hat unterschiedliche Voraussetzungen und Ziele. Daher ist es wichtig, den Trainingsplan an die individuellen Rahmenbedingungen anzupassen. Einige Menschen haben möglicherweise weniger Zeit zur Verfügung und müssen ihr Training in kürzeren Einheiten aufteilen, während andere mehr Zeit für längere Trainingseinheiten haben. Es ist wichtig, realistische Ziele zu setzen und den Trainingsplan entsprechend anzupassen.

Bei der Festlegung der Trainingshäufigkeit und -dauer ist es wichtig, auf den eigenen Körper zu hören und auf Warnsignale wie Überlastung oder Verletzungen zu achten. Ein oft übersehenes Anzeichen von Übertraining ist der

Leistungsrückgang. Wenn Sie trotz häufigem und intensivem Training schwächer werden, ist dies ein Warnsignal, welches Sie unbedingt beachten sollten!

Punkt 5.1: Korrekte Ausführung der Übungen: Tipps und Tricks

Die korrekte Ausführung der Übungen ist entscheidend, um maximale Ergebnisse zu erzielen und Verletzungen zu vermeiden. Hier sind einige Tipps und Tricks, die helfen können, die Technik zu verbessern und die Übungen effektiver zu gestalten:

1. Körperhaltung: Eine gute Körperhaltung ist der Schlüssel zur korrekten Ausführung der Übungen. Achten Sie darauf, dass Ihre Wirbelsäule neutral ist und Ihr Rücken gerade ist. Vermeiden Sie ein Hohlkreuz oder einen Rundrücken. Halten Sie Ihre Schultern zurück und unten und ziehen Sie Ihren Bauchnabel zur Wirbelsäule hin.

2. Atmung: Die richtige Atmung ist wichtig, um die Muskeln mit ausreichend Sauerstoff zu versorgen und die Stabilität während der Übungen zu gewährleisten. Atmen Sie beim Anspannen der Muskeln aus und beim Entspannen ein. Vermeiden Sie das Anhalten der Atmung, da dies den Blutdruck stark erhöhen und zum platzen von Blutgefäßen führen kann.

3. Bewegungsumfang: Achten Sie darauf, den vollen Bewegungsumfang bei den Übungen auszunutzen. Vermeiden Sie es, die Bewegung abzukürzen oder

abzufälschen, da dies die Effektivität der Übung erheblich verringern kann. Gehen Sie so weit wie möglich in die Dehnung und kehren dann zur Ausgangsposition zurück.

4. Gewichtsverteilung: Bei synchron ausgeführten Übungen wie Bankdrücken oder Kniebeugen achten Sie darauf, das Gewicht gleichmäßig auf beide Seiten des Körpers zu verteilen, um eine einseitige Belastung zu vermeiden. Halten Sie das Gleichgewicht und vermeiden Sie es, sich zu sehr auf eine Seite zu lehnen oder zu stützen.

5. Tempo: Das Tempo der Übungsausführung kann einen großen Einfluss auf die Ergebnisse haben. Alle Übungen sollten kontrolliert und in angemessenem Tempo ausgeführt werden, um die Muskeln vollständig zu aktivieren und die Spannung aufrechtzuerhalten. Vermeiden Sie ruckartige Bewegungen oder Schwung, da dies zu Verletzungen führen kann und den Nutzen minimiert. Abgefälschte Bewegungen sind zwar ebenfalls eine Intensitätstechnik, diese sollte jedoch nur von erfahrenen Sportlern eingesetzt werden. Führen Sie den konzentrischen, also den anspannenden, Teil der Bewegung zügig jedoch nicht ruckartig und den exzentrischen, also den entspannenden, Teil langsam und kontrolliert aus. Als Richtwert können Sie hier ein und drei Sekunden wählen.

6. Konzentration: Konzentrieren Sie sich während der Übungsausführung auf die Muskeln, die Sie trainieren. Stellen Sie sich vor, wie sich die Muskeln anspannen und entspannen. Dies hilft, die Verbindung zwischen

Geist und Muskel herzustellen und die Effektivität der Übung zu steigern.

7. Variation: Variieren Sie die Übungen regelmäßig, um den Körper herauszufordern und Fortschritte zu erzielen. Fügen Sie neue Übungen hinzu oder ändern den Winkel oder die Position, um verschiedene Muskelgruppen anzusprechen. Dies hilft auch, Langeweile zu vermeiden und die Motivation aufrechtzuerhalten.

8. Hilfsmittel: Verwenden Sie bei Bedarf Hilfsmittel wie Widerstandsbänder, Hanteln oder Gymnastikbälle, um die Übungen zu intensivieren oder zu variieren. Achten Sie jedoch darauf, dass Sie die richtige Technik beibehalten und das Hilfsmittel sicher verwenden. Gummibänder können beispielsweise Übungen erschweren, oder erleichtern. Wenn Sie Kniebeugen machen und zusätzlich ein Gummiband zwischen Nacken und Fußsohlen spannen wird die Übung schwieriger. Wenn Sie hingegen bei Klimmzügen ein Gummiband an der Klimmzugstange befestigen und in dieses steigen, wird die Übung wesentlich einfacher, da das Band einen Teil Ihres Körpergewichtes ausgleicht.

Punkt 5.2: Steigerung der Intensität ohne Verletzungsrisiko

Die Steigerung der Trainingsintensität ist wichtig, um Fortschritte zu erzielen und die Fitnessziele zu erreichen. Es ist jedoch entscheidend, dies ohne Verletzungsrisiko zu tun.

Hier sind einige Tipps, wie die Intensität schrittweise gesteigert werden kann:

1. Progressives Overload-Prinzip: Das progressive Overload-Prinzip besagt, dass der Körper kontinuierlich neuen Reizen ausgesetzt werden muss, um sich anzupassen und stärker zu werden. Dies kann durch Erhöhung des Gewichts, der Wiederholungszahl oder der Trainingsdauer erfolgen. Es ist wichtig, die Intensität schrittweise zu steigern, um Überlastung und Verletzungen zu vermeiden.

2. Erhöhung der Wiederholungszahl: Eine Möglichkeit, die Intensität zu steigern, besteht darin, die Anzahl der Wiederholungen pro Satz zu erhöhen. Beginnen Sie mit einer moderaten Anzahl von Wiederholungen und steigern sie allmählich, wenn Sie sich stärker fühlen. Achten Sie jedoch darauf, dass Sie die richtige Technik beibehalten und die Übungen korrekt ausführen.

3. Erhöhung des Gewichts: Wenn Sie mit Gewichten trainieren, können Sie die Intensität steigern, indem Sie das Gewicht erhöhen. Beginnen mit einem Gewicht, das für Sie herausfordernd ist, aber noch kontrolliert bewegt werden kann. Dies ist üblicherweise in einer Wiederholungszahl zwischen acht und zwölf Wiederholungen. Steigern Sie das Gewicht allmählich, um die Muskeln weiter zu fordern. Hierfür genügen schon kleine Schritte von 0,5 - 1 kg. Achten Sie jedoch darauf, dass Sie die richtige Technik beibehalten und das Gewicht sicher handhaben.

4. Verkürzung der Ruhezeiten: Eine weitere Möglichkeit, die Intensität zu steigern, besteht darin, die

Ruhezeiten zwischen den Sätzen zu verkürzen. Dadurch wird der Körper gezwungen, sich schneller zu erholen und die Muskeln effizienter zu nutzen. Achten Sie jedoch darauf, dass Sie genügend Zeit für die Erholung lassen, um Verletzungen zu vermeiden. Dies ist besonders wichtig bei allen Übungen bei denen das Gewicht nicht zu jedem Zeitpunkt einfach abgelegt werden kann.

5. Variation der Übungen: Eine Variation der Übungen kann ebenfalls dazu beitragen, die Intensität zu steigern. Fügen Sie neue Übungen hinzu welche einen höheren Schwierigkeitsgrad aufweisen als jene, die Sie bisher ausgeführt haben. Dies fordert den Körper heraus, verhindert, dass er sich an die gleichen Bewegungen gewöhnt und wird Sie motivieren, weil Sie neue Übungen bewältigen welche Sie früher nicht geschafft hätten.

6. High Intensity Training (HIT) ist eine Trainingsmethode im Kraftsport, bei der kurze, aber intensive Trainingseinheiten durchgeführt werden. Das Ziel ist es, die Muskeln maximal zu belasten und so den Muskelaufbau und die Kraftsteigerung zu fördern. Beim HIT werden Übungen mit hoher Intensität und wenig Ruhezeit zwischen den Sätzen durchgeführt. Erreicht wird diese hohe Intensität durch eine sehr langsame Ausführung der Bewegung. Eine Wiederholung sollte beim HIT Training sieben Sekunden dauern. Diese teilen sich in 2 Sekunden in denen das Gewicht gehoben, 1 Sekunde in der das Gewicht gehalten und 4 Sekunden in denen das Gewicht gesenkt wird. Dies führt zu einer erhöhten Herzfrequenz und einem erhöhten Stoffwechsel, was

zu einer effektiven Fettverbrennung führen kann. Außerdem wird das Verletzungsrisiko gesenkt, da die Gewichte niemals mit Schwung bewegt werden und Sie vermutlich weniger Gewicht verwenden müssen beziehungsweise können.

7. Höhere Trainingsfrequenz: Eine Erhöhung der Trainingsfrequenz kann ebenfalls dazu beitragen, die Intensität zu steigern. Wenn Sie sich bereit fühlen, können Sie die Anzahl der Trainingeinheiten pro Woche erhöhen. Achten Sie jedoch darauf, dass Sie genügend Zeit für die Erholung lassen, um Übertraining und Verletzungen zu vermeiden.

Punkt 6.1: Strategien zur Aufrechterhaltung der Motivation

Die Aufrechterhaltung der Motivation ist entscheidend, um langfristig am Ball zu bleiben und die Fitnessziele zu erreichen. Hier sind einige Strategien, die helfen können, die Motivation aufrechtzuerhalten:

1. Setzen Sie realistische Ziele: Wie bereits in der Definition von Zielen angesprochen, ist wichtig, realistische, ambitionierte, jedoch erreichbare Ziele zu setzen. Wenn die Ziele zu hoch gesteckt sind, kann dies zu Frustration und Demotivation führen. Teilen Sie große Ziele in kleinere Meilensteine auf, die einfacher zu erreichen sind. Das Erreichen dieser Zwischenziele wird Sie motivieren, weiterzumachen.

2. Finden Sie eine Trainingsroutine, die Ihnen Spaß macht: Wenn Sie Spaß an Ihrem Training haben, werden Sie eher motiviert sein, es regelmäßig durchzuführen. Finden Sie eine Trainingsart, die Ihnen Freude bereitet, sei es Krafttraining zu Hause, im Fitnesscenter oder Gruppenfitneskurse. Experimentieren Sie und finden heraus, was am besten zu Ihnen passt.

3. Trainieren Sie mit einem Partner: Das Training mit einem Partner kann sehr motivierend sein. Sie können sich gegenseitig unterstützen, sich herausfordern und Erfolge gemeinsam feiern. Außerdem kann es helfen, Verantwortung zu übernehmen und sich gegenseitig zur Rechenschaft zu ziehen. Auch ist ein Trainingspartner bei der Steigerung der Intensität von Vorteil, da er bei den letzten ein bis zwei Wiederholungen sichernd und unterstützend eingreifen kann.

4. Belohnen Sie sich selbst: Setzen Sie sich Belohnungen für erreichte Ziele oder Meilensteine. Das kann eine kleine Belohnung wie ein neues Trainingsoutfit oder ein leckeres Essen sein. Die Aussicht auf eine Belohnung kann als Anreiz dienen, weiterhin motiviert zu bleiben.

5. Musik kann äußerst motivierend wirken. Stellen Sie sich eine Playlist mit Liedern zusammen, die Sie anspornen und Ihnen den Willen zum Erfolg verleihen. Dies ist völlig unabhängig von der Musikrichtung, denn für den einen ist harte Rockmusik der perfekte Motivationsschub, für den anderen vielleicht Hip Hop oder Elektronik.

6. Verändern Sie Ihr Training: Monotone Trainingsroutinen können schnell langweilig werden und die Motivation beeinträchtigen. Versuchen Sie Ihr Training regelmäßig zu variieren, indem Sie neue Übungen ausprobieren, verschiedene Trainingsmethoden einsetzen oder an anderen Orten trainieren. Dies hält das Training interessant und motivierend.

7. Halten Sie Ihre Fortschritte fest: Dokumentieren Sie Ihre Fortschritte, sei es durch Fotos, Messungen oder Trainingstagebücher. Wenn Sie Ihre Erfolge sehen, werden Sie motiviert sein weiterzumachen und noch bessere Ergebnisse zu erzielen. Ein sorgfältig geführtes Trainingstagebuch ist eine der besten Möglichkeiten, da hier jede Veränderung im Training und alle körperlichen Entwicklungen genau verfolgt und beurteilt werden können.

8. Finden Sie Unterstützung: Suchen Sie nach einer Community oder einem Support-Netzwerk, sei es in Form von Freunden, Familie oder Online-Gruppen. Der Austausch mit Gleichgesinnten kann motivierend sein und Ihnen helfen, Herausforderungen oder Zeiten in denen Sie weniger Fortschritte machen zu bewältigen.

9. Visualisieren Sie Ihre Ziele: Stellen Sie sich vor, wie Sie Ihre Ziele erreichen und wie Sie sich dabei fühlen. Visualisierung kann eine starke Motivationsquelle sein und Ihnen helfen, fokussiert zu bleiben.

10. Seien Sie geduldig: Veränderungen brauchen Zeit. Es ist wichtig, geduldig zu sein und sich nicht von Rückschlägen entmutigen zu lassen. Akzeptieren Sie, dass es Höhen und Tiefen geben wird, denn dies ist

eine Gewissheit, aber bleiben Sie fokussiert auf Ihre langfristigen Ziele.

11. Feiern Sie Erfolge: Vergessen Sie nicht, Ihre Erfolge zu feiern, egal wie klein sie auch sein mögen. Jeder Fortschritt ist ein Grund zum Feiern und kann als Motivation dienen, weiterzumachen. Aber Achtung, jedes verlorene Kilo mit einer großen Pizza mit Salami und extra Käse und einer Schokotorte als Nachtisch zu feiern, ist nicht der richtige Ansatz! Dies würde Ihren Erfolg zum Erliegen bringen und Sie eher demotivieren.

12. Fürsprecher und Neider: Wenn Sie mit Ihrer neuen Art zu leben beginnen, werden Sie beiden Menschengruppen begegnen. Sie werden Sie ansprechen auf Ihre Ernährung und auf Ihr Training. Die Fürsprecher werden Ihnen Mut machen, Sie unterstützen und Ihnen gratulieren, dass Sie Ihr Leben in die Hand nehmen und etwas für sich tun. Die Neider hingegen werden Sie beim Training belächeln, Ihnen einreden wollen, dass Sie es niemals schaffen oder Sie bei der nächsten Esseneinladung bezüglich Ihrer Auswahl der angebotenen Speisen kritisieren oder dumme Witze darüber machen. Doch nehmen Sie beide Gruppen als Ansporn! Die Neider am Besten noch mehr, denn deren Äußerungen kommen nur deshalb, weil sie es selbst nicht schaffen!

Punkt 6.2: Messung, Dokumentation und Verfolgung des Fortschritts

Die Messung, Dokumentation und Verfolgung des Fortschritts ist ein wichtiger Aspekt beim Erreichen von Fitnesszielen. Indem man den eigenen Fortschritt regelmäßig überprüft, kann man motiviert bleiben und gezielt an Schwachstellen arbeiten. Besorgen Sie sich ein gutes Trainingstagebuch und führen Sie es sorgfältig. Hier sind einige Gründe, warum die Messung und Dokumentation des Fortschritts wichtig ist:

1. Motivation: Wenn man seine Fortschritte dokumentiert, kann man sehen, wie weit man bereits gekommen ist. Das kann äußerst motivierend sein und einem den Ansporn geben, weiterzumachen und noch bessere Ergebnisse zu erzielen.

2. Zielsetzung: Durch die Messung des Fortschritts kann man seine Ziele klar definieren und realistische Erwartungen setzen. Man kann sich Zwischenziele setzen und diese nach und nach erreichen. Das gibt einem ein Gefühl von Erfolg und Zufriedenheit. Auch kann man erkennen, ob die gesetzten Ziele vielleicht zu niedrig, oder zu hoch gesetzt waren. Wenn Ihr Zwischenziel nach zwei Monaten war, 20 Kilogramm abgenommen zu haben, Sie jedoch trotz vorbildlicher Ernährung und perfektem Training „nur" zehn geschafft haben, ist dies ein eindeutiges Indiz, dass Ihr Ziel zu hoch gegriffen war.

3. Anpassung des Trainings: Durch die Dokumentation des Fortschritts kann man erkennen, welche Trainingsmethoden und Übungen am effektivsten sind.

Man kann sehen, welche Bereiche noch Verbesserungspotenzial haben und sein Training entsprechend anpassen.

4. Identifizierung von Schwachstellen: Durch die Messung des Fortschritts kann man Schwachstellen und Ungleichgewichte im Körper identifizieren. Man kann sehen, welche Muskelgruppen möglicherweise vernachlässigt wurden und diese gezielt trainieren, um ein ausgewogenes Training zu gewährleisten.

5. Überwachung der Gesundheit: Die Messung und Dokumentation des Fortschritts kann auch dazu dienen, die allgemeine Gesundheit zu überwachen. Man kann beispielsweise den Ruhepuls, den Blutdruck oder den Körperfettanteil regelmäßig messen und Veränderungen feststellen. Dadurch kann man frühzeitig auf mögliche gesundheitliche Probleme reagieren.

Es gibt verschiedene Möglichkeiten, den Fortschritt zu messen und zu dokumentieren. Dazu gehören:

- Körpermaße: Man kann regelmäßig den Umfang von Armen, Beinen, Taille und Hüften messen, um Veränderungen festzustellen.

- Gewicht: Das Gewicht kann ein Indikator für den Fortschritt sein, insbesondere wenn man abnehmen oder Muskeln aufbauen möchte. Seien Sie sich aber unbedingt bewusst, dass die Waage auch lügen kann! Wenn Sie beginnen Krafttraining zu betreiben, aber derzeit noch übergewichtig sind, kann es sein, dass Sie anfänglich nur minimal an Gewicht verlieren, sich jedoch Ihre Körperzusammensetzung ändert, ohne dass es auf der Waage ersichtlich ist. Dies liegt daran, dass Muskelmasse schwerer ist als Fett und somit die gewonnene Muskulatur das verlorene Fett aufwiegt.

- Krafttests: Man kann regelmäßig Krafttests durchführen, um die Steigerung der Kraft zu messen. Das können beispielsweise Liegestütze, Klimmzüge oder das Heben von Gewichten sein.

- Zeitmessung: Man kann die Zeit messen, die man für bestimmte Übungen oder Strecken benötigt. Durch die Verbesserung der Zeit kann man den Fortschritt erkennen.

- Trainingstagebuch: Das Führen eines Trainingstagebuchs kann helfen, den Fortschritt zu dokumentieren und das Training zu planen. Man kann darin die durchgeführten Übungen, Gewichte, Wiederholungen und Pausenzeiten festhalten. All die oben angeführten Parameter können hier eingetragen und dokumentiert werden.

- Fotos: Das Fotografieren des eigenen Körpers kann eine visuelle Darstellung des Fortschritts bieten. Man kann regelmäßig Fotos machen und Veränderungen im Körperbau festhalten. Auch die eigene Kleidung kann ein großartiges Messinstrument sein. Wenn die enge Hose plötzlich locker sitzt oder Sie diese gar verlieren, wissen Sie dass Sie Ihrem Ziel, schlanker zu werden, näher kommen.

10. Profi oder Prediger

Im vorherigen Kapitel habe ich ja mehrfach darauf hingewiesen, einen professionellen Trainer zu Rate zu ziehen um Verletzungen zu vermeiden und eine korrekte Ausführung von Übungen zu erlernen. Doch vielleicht haben Sie sich die Frage gestellt, woran Sie einen professionellen Trainer erkennen und wie Sie es vermeiden an einen Prediger zu geraten. Oft fällt es schwer zu unterscheiden, für wen der Trainer tatsächlich arbeitet. Für Sie, oder doch für sich selbst. Will er dass Sie, auf eine gesunde und nachhaltige Art und Weise, Ihre Ziele erreichen, oder will er möglichst lange, möglichst viel an Ihnen verdienen? Um zu verhindern, dass Sie an den Falschen geraten, zeige ich Ihnen ein paar der wichtigsten Erkennungsmerkmale mit denen Sie schnell jeden Prediger entlarven.

Grundsätzlich gibt es vier Gruppen von Fitnesstrainern:

1. Selbständige Personaltrainer

2. Angestellte Trainer

3. Online Trainer

4. Fitness Influencer

Jede dieser Gruppen hat Ihre ganz speziellen Vor- und Nachteile und in jeder dieser Gruppen gibt es Profis und Prediger. Sehen wir und nun die Vor- und Nachteile einmal genauer an.

1. Selbständige Personaltrainer

Vorteile:

- Meist sehr gut ausgebildet

- Breites Wissen über Anatomie und Ernährung

- In der gebuchten Zeit nur für Sie da

- Flexibel zu Ihren Wunschterminen verfügbar

- Beobachtet und korrigiert jede Bewegung

Nachteile:

- Teuer

- Oft völlig ausgebucht

2. Angestellte Trainer

Vorteile:

- Im Mitgliedsbeitrag des Fitnesscenters oft inbegriffen

- Routinierter Umgang mit den Geräten

- Verfügbar zu den Trainingszeiten

<u>Nachteile</u>:

- Häufig unzureichende Ausbildung da nur nebenberuflich

- Fokus oft auf Geräte statt auf Grundübungen

- Nicht nur für Sie da

3. Online Trainer

<u>Vorteile</u>:

- Oft sehr gut ausgebildet

- Termine können individuell festgelegt werden

- Ortsunabhängig

<u>Nachteile</u>:

- Bewegungen können via Webcam nicht perfekt analysiert werden

- Hilfestellung nur verbal möglich

- Teilweise sehr kostspielig

4. Fitness Influencer

<u>Vorteile</u>:

- Permanent verfügbar

- …..?

- …..?

- ….. ja, es gibt auch gut ausgebildete

- Meist kostenlos

<u>Nachteile</u>:

- Häufig wird Halbwissen vermittelt

- Korrekturen Ihrer Bewegungen sind nicht möglich

- Informationen und Ratschläge sind nicht auf Sie persönlich abgestimmt

Egal mit welcher Gruppe von Trainer Sie beginnen zu arbeiten, ein paar Fragen sollten Sie sich stellen um herauszufinden ob es sich um einen Profi handelt oder nicht:

1. „Hat er/ sie eine einschlägige Ausbildung absolviert die ihm/ ihr das nötige Wissen vermittelt hat um mir helfen zu können meine individuellen Ziele, mit meinen individuellen Voraussetzungen, zu erreichen?"

2. „Konzentriert er/ sie sich darauf mir die wichtigsten Grundübungen von der Pike auf zu erklären, damit meine Technik einwandfrei wird?"

3. „Versucht er/ sie mir Produkte oder Pläne zu empfehlen welcher er/ sie zufälliger Weise auch selbst verkauft"

4. „Lebt er/ sie davon, oder verdient damit Geld, dass ich mir möglichst viele Videos von ihm/ ihr ansehe?"

Wenn nun entweder eine der ersten beiden Fragen mit „nein" oder die dritte oder vierte Frage mit „ja" beantwortet wird, liegt der Verdacht schon sehr nahe, dass Sie einen Prediger vor sich haben. Es gibt hier natürlich Ausnahmen, denn es kann durchaus vorkommen, dass ein tatsächlich professioneller Personaltrainer nebenbei auch Fitnessprodukte verkauft von denen er überzeugt ist, dass sie seinen Kunden einen Mehrwert verschaffen, doch sollten mehrere oder gar alle dieser Fragen falsch beantwortet sein, handelt es sich definitiv nicht um einen Profi, sondern um jemanden der sich an Ihnen bereichern will!

11. Anatomie und Übungen

Um die Anatomie des Menschen besser zu verstehen werden wir den Körper zunächst in sechs Zonen einteilen. Die Zonen wiederum werden wir unterteilen in die Muskeln die beim Bewegen des jeweiligen Gelenkes beteiligt sind, denn bei jeder Bewegung ist mindestens ein Gelenk und ein Muskel beansprucht. Diese sechs Zonen sind auch die großen Muskelgruppen, welche wir entweder im Verbund oder einzeln gezielt trainieren wollen. Dafür haben wir sieben sogenannte Grundübungen und unzählige Isolationsübungen zur Verfügung. Wir werden uns nur mit den größten und für das Training wichtigsten Muskeln beschäftigen, da die kleineren Muskeln automatisch mit beansprucht werden und ein gezieltes Training für die meisten Menschen nicht notwendig ist außer sie planen eine Karriere als Profibodybuilder oder Leistungssportler.

Zone	Gelenke	Muskeln
Beine	• Hüftgelenk • Kniegelenk • Sprunggelenk	• Gesäßmuskel • Beinstrecker • Beinbeuger • Waden
Bauch	Wirbelsäule	• Gerader Bauchmuskel (Sixpack) • Schräge Bauchmuskeln
Brust	Schultergelenk	• Kleiner Brustmuskel • Großer Brustmuskel
Schultern	Schultergelenk	• Deltamuskel • Großer und kleiner Rundmuskel

Rücken	• Schultergelenk • Wirbelsäule	• Großer Rückenmuskel • Trapezmuskel • Rautenmuskel • Autochthone Rückenmuskulatur
Arme	• Ellenbogengelenk • Handgelenk	• Armbeuger (Bizeps) • Armstrecker (Trizeps) • Div. Unterarmmuskeln

Grundübungen

Im Krafttraining gibt es bestimmte Übungen, die als Grundübungen bezeichnet werden. Diese Übungen zielen darauf ab, mehrere Muskelgruppen gleichzeitig zu trainieren und sind daher besonders effektiv, um Kraft aufzubauen und Muskelmasse zu gewinnen. Trainingsanfänger sollten ihr Hauptaugenmerk stets auf diesen Übungen haben da sie die Grundlage für einen fitten und starken Körper darstellen. Erst mit steigender Trainingserfahrung kann es sinnvoll sein einzelne Isolationsübungen in den Trainingsplan zu integrieren um eventuelle Schwächen auszumerzen. Achten Sie bei allen Übungen auf eine kontrollierte Ausführung und atmen Sie in der Phase der Belastung aus und in der Phase ohne Belastung ein. Es ist wichtig zu beachten, dass die korrekte Ausführung und Technik bei diesen Übungen entscheidend ist, um Verletzungen zu vermeiden und die gewünschten Ergebnisse zu erzielen. Wenn Sie neu im Krafttraining sind, ist es ratsam, einen qualifizierten Trainer zu konsultieren, der Ihnen bei der richtigen Ausführung dieser Übungen hilft.

1. Kniebeugen

Kniebeugen sind eine der besten Übungen für die Beine und den Po. Sie trainieren hauptsächlich die Oberschenkelmuskulatur (Quadrizeps), die Gesäßmuskulatur und die Wadenmuskulatur. Kniebeugen stärken durch die nötige Körperspannung auch den unteren Rücken und die Rumpfmuskulatur.

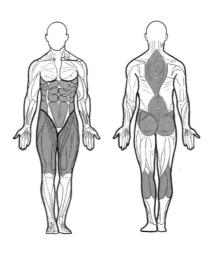

Beanspruchte Muskeln (primär/ sekundär)

Ausführung:

1. Beginnen Sie mit den Füßen etwa schulterbreit auseinander und den Zehen leicht nach außen gedreht. Stellen Sie sicher, dass Ihre Knie in die gleiche Richtung wie Ihre Zehen zeigen. Die

Langhantel sollte unterhalb Ihres Nackens stabil am Schultergürtel aufliegen und nicht auf Ihre Halswirbelsäule drücken.

2. Halten Sie Ihren Rücken gerade und Ihre Schultern nach hinten gezogen. Spannen Sie Ihre Bauchmuskeln an, um Ihren Rumpf zu stabilisieren.

3. Atmen Sie tief ein und beugen Sie Ihre Knie langsam, als ob Sie sich hinsetzen würden. Ihr Oberkörper sollte dabei nach vorne gebeugt werden, Ihr Blick bleibt jedoch gerade nach vorne.

4. Gehen Sie so tief wie möglich in die Knie, während Sie Ihren Rücken durchgestreckt halten. Idealerweise sollten Ihre Oberschenkel parallel zum Boden sein, aber wenn Sie nicht so tief gehen können, weil Ihnen anfänglich noch die nötige Dehnung fehlt, ist das völlig in Ordnung. Wichtig ist, dass Sie eine bequeme Position finden, die Ihren individuellen Fähigkeiten entspricht.

5. Drücken Sie sich mit den Fersen nach oben und strecken Sie Ihre Beine, um in die Ausgangsposition zurückzukehren. Achten Sie darauf, dass Sie Ihre Knie nicht zueinander gezogen werden und Sie diese in der aufrechten Position nicht überstrecken. Versuchen Sie den Druck auf Ihre gesamte Fußsohle zu verteilen und nicht nur auf den Fußballen. Oft ist es hilfreich, bewusst den Druck auf die Ferse zu verlagern.

6. Wiederholen Sie die Bewegung für die gewünschte Anzahl an Wiederholungen.

Spannung in Bauch und Po
halten

Oberschenkel parallel zum Boden und
Rücken gerade

2. Kreuzheben

Kreuzheben ist eine Übung, die den gesamten Körper beansprucht. Es trainiert hauptsächlich die Rückenmuskulatur, insbesondere die untere Rückenmuskulatur (Erector Spinae), die Gesäßmuskulatur, die Oberschenkelmuskulatur und die Wadenmuskulatur. Kreuzheben ist auch eine großartige Übung, um die Griffkraft zu verbessern, da hier sehr bald relativ viel Gewicht gehoben werden kann.

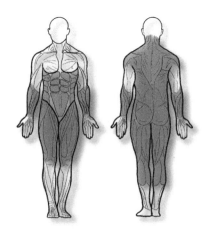

Beanspruchte Muskeln (primär/ sekundär)

147

Ausführung:

1. Stellen Sie sich mit den Füßen schulterbreit auseinander und den Zehen leicht nach außen gedreht direkt an die vor Ihnen am Boden liegende Langhantel. Die Hände sollten etwas weiter als schulterbreit auseinander auf der Stange, im Untergriff (die Handfläche zeigt nach vorne) platziert werden.

2. Beugen Sie die Knie leicht und halten Sie den Rücken gerade. Die Schultern sollten nach hinten gezogen und das Brustbein nach oben gedrückt werden. Dies ist die Ausgangsposition.

3. Atmen Sie tief ein und spannen Sie die Bauchmuskeln an, um den Rumpf zu stabilisieren.

4. Halten Sie den Blick nach vorne gerichtet und beginnen, die Stange vom Boden aus zu heben, indem Sie die Hüften nach vorne schiebst und gleichzeitig die Knie streckst. Die Bewegung sollte aus den Hüften kommen und nicht aus dem Rücken.

5. Halten Sie die Stange während des gesamten Bewegungsablaufs so nah wie möglich am Körper. Vermeiden Sie es, den Rücken rund werden zu lassen oder den Oberkörper nach vorne zu beugen.

6. Wenn die Stange die Knie passiert hat und sich in Hüfthöhe befindet, drücken Sie die Hüften nach vorne und spannen die Gesäßmuskeln an, um die Stange vollständig anzuheben. Die Schultern sollten nach hinten gezogen und das Brustbein nach oben

gedrückt bleiben. Während der Aufwärtsbewegung atmen Sie gleichmäßig aus.

7. Halten Sie die aufrechte Position für einen Moment und versuchen Sie Ihre Rückenmuskulatur anzuspannen.

8. Senken Sie die Stange kontrolliert zurück zum Boden, indem Sie die Hüften nach hinten schieben und die Knie leicht beugen. Achten Sie darauf, den Rücken gerade und die Stange nah am Körper zu halten.

9. Wiederholen Sie die Bewegung für die gewünschte Anzahl an Wiederholungen.

Rücken gerade und Bauch und
Po gespannt

Hüfte schiebt nach vorne,
Rücken bleibt gerade

Schultern nach hinten und unten gezogen

3. Bankdrücken

Bankdrücken fordert primär die Brustmuskulatur (Pectoralis major), die Schultermuskulatur (Deltamuskeln) und die Trizepsmuskulatur. Es ist eine der beliebtesten Übungen im Krafttraining und hilft dabei, die obere Körperkraft zu steigern. Viele Hobbysportler machen jedoch den Fehler, dies als die wichtigste Übung anzusehen, denn bei keiner anderen Übung ist der Posereffekt, so groß wie beim Bankdrücken. Mit Posereffekt meine ich, dass ähnlich wie beim Golfsport die erste Frage immer nach dem Handicap ist, so ist die erste Frage im Kraftsport jene nach dem Gewicht welches man beim Bankdrücken schafft. Machen Sie sich selbst einen Gefallen und schenken Sie den Posern kein Gehör!

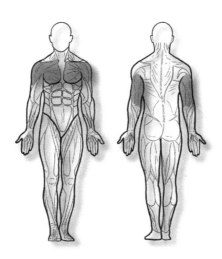

Beanspruchte Muskeln (primär/ sekundär)

Ausführung:

1. Vorbereitung: Beginnen Sie, indem Sie sich auf eine flache Bank legen und Ihre Füße fest auf dem Boden platzieren. Stellen Sie sicher, dass Ihre Wirbelsäule in einer neutralen Position ist und Ihr Kopf, Nacken und Gesäß gut unterstützt sind. Ziehen Sie Ihre Schultern nach hinten zur Wirbelsäule und nach unten Richtung Gesäß.

2. Griffposition: Greifen Sie die Langhantel mit einem etwas weiter als schulterbreiten Griff. Die Handflächen sollten nach vorne zeigen und die Daumen um die Stange gelegt sein.

3. Ausrichtung der Stange: Heben Sie die Stange aus der Ablage und halten Sie diese mit gestreckten Armen direkt über Ihren Augen. Ihre Arme sollten gestreckt sein und die Stange sollte sich in einer Linie mit Ihren Handgelenken, Ellenbogen und Schultern befinden.

4. Abwärtsbewegung: Atmen Sie ein und senken die Stange langsam und kontrolliert zu Ihrer Brust hinunter. Achten Sie darauf, dass Ihre Ellenbogen etwa einen Winkel von 45 Grad zu Ihrem Körper haben Ihre Oberarme parallel zum Boden sind. Halten Sie Ihre Schultern stabil und vermeiden Sie ein Absinken des Brustkorbs.

5. Aufwärtsbewegung: Drücken Sie die Stange zügig nach oben, während Sie ausatmen. Strecken Sie Ihre Arme vollständig aus, aber vermeiden Sie ein Überstrecken der Ellbogen. Halten Sie die Schultern

stabil und vermeiden Sie ein Anheben des Gesäßes von der Bank.

6. Wiederholungen und Sets: Führen Sie die Übung in kontrollierten Bewegungen aus und achten Sie darauf, dass Sie die volle Bewegungsamplitude nutzten. Beginnen Sie mit einem Gewicht, das Sie sicher bewältigen können, und steigern Sie sich allmählich. Führen Sie je nach Trainingsziel 8-12 Wiederholungen pro Satz durch und machen 2-3 Sätze.

7. Halten Sie während der gesamten Bewegung Ihre Bauchmuskeln angespannt, um eine stabile Körperhaltung zu gewährleisten.

Schultern hinten und unten

Bogenförmig von der Brust Richtung Kopf hochdrücken

Arme ganz strecken, Schultern bleiben hinten

4. Klimmzüge

Klimmzüge sind eine hervorragende Übung für den oberen Rücken, die Schultern und die Armmuskulatur. Sie trainieren hauptsächlich den Latissimus dorsi (breiter Rückenmuskel), den Bizeps und die Schultermuskulatur. Klimmzüge können in verschiedenen Variationen durchgeführt werden, um verschiedene Muskelgruppen zu betonen.

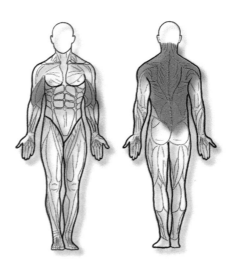

Beanspruchte Muskeln (primär/ sekundär)

Ausführung:

1. Beginnen Sie, indem Sie sich an eine Klimmzugstange hängen. Stellen Sie sicher, dass Ihre Hände etwas

weiter als schulterbreit auseinander sind und Ihre Handflächen nach vorne zeigen.

2. Halten Sie Ihre Schultern nach unten und ziehen Sie Ihre Schulterblätter zusammen. Dies hilft, Ihre Schultern zu stabilisieren und Verletzungen zu vermeiden. Häufig wird empfohlen, die Knie abzuwinkeln, davon rate ich Ihnen jedoch dringend ab, da hier eine durchgehende Körperspannung verhindert wird. Strecken Sie Ihre Beine ganz durch und ziehen Sie diese durch spannen der Bauchmuskeln leicht nach vorne.

3. Atmen Sie tief ein und ziehen Sie Ihren Körper nach oben, indem Sie Ihre Arme und Ihren Rücken aktivieren. Konzentrieren Sie sich darauf, Ihre Ellenbogen nach unten und hinten zu ziehen, anstatt sie nach außen zu drücken.

4. Versuchen Sie, Ihr Kinn bis über die Stange zu bringen, während Sie Ihre Bauchmuskeln anspannen und Ihren Rücken gerade halten. Denken Sie daran, dass Ihr Brustbein zur Stange gezogen werden soll und nicht Ihr Kinn! Dadurch fällt es Ihnen leichter, die Schultern hinten zu halten.

5. Verharren Sie kurz in dieser Position und senken Sie sich dann langsam und kontrolliert ab, bis Ihre Arme wieder vollständig gestreckt sind.

6. Wiederholen Sie die Bewegung für die gewünschte Anzahl an Wiederholungen.

Schulterblätter zusammen ziehen   Ellenbogen nach unten ziehen

Brustkorb Richtung Stange ziehen

5. Schulterdrücken

Schulterdrücken ist eine Übung, die hauptsächlich die Schultermuskulatur (Deltamuskeln) trainiert. Es stärkt auch den Trizeps und die oberen Rückenmuskeln. Schulterdrücken kann mit einer Langhantel, Kurzhanteln oder einer Maschine durchgeführt werden.

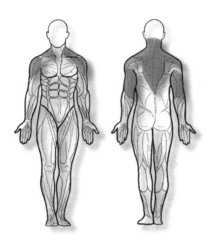

Beanspruchte Muskeln (primär/ sekundär)

Ausführung:

1. Beginnen Sie, indem Sie eine Langhantel oder Kurzhanteln in Ihre Hände nehmen und sie auf Schulterhöhe bringen. Die Übung kann stehend oder sitzend ausgeführt werden. Stellen Sie sicher, dass

Ihre Handflächen nach vorne zeigen und Ihre Ellenbogen nach unten gerichtet sind.

2. Halten Sie Ihren Rücken gerade und Ihre Bauchmuskeln angespannt, um eine stabile Position zu gewährleisten.

3. Atmen Sie tief ein und drücken Sie das Gewicht nach oben, indem Sie Ihre Arme strecken. Achten Sie darauf, dass Sie Ihre Schultern nach unten ziehen und Ihre Schulterblätter zusammenhalten, um nicht instabil zu werden.

4. In der obersten Position sollten Ihre Arme ganz gestreckt, senkrecht nach oben zeigen.

5. Senken Sie das Gewicht langsam und kontrolliert zurück zur Ausgangsposition auf Schulterhöhe.

6. Wiederholen Sie die Bewegung für die gewünschte Anzahl an Wiederholungen.

Bauchmuskeln spannen und Ellenbogen 45° vor
dem Körper halten

Gewicht ganz über den Kopf drücken

159

6. Rudern

Rudern ist eine Übung, die den oberen Rücken, die Schultern und die Armmuskulatur trainiert. Es stärkt den Latissimus dorsi, die Trapezmuskeln, den Bizeps und die Schultermuskulatur. Rudern kann mit einer Langhantel, Kurzhanteln oder einer Rudermaschine durchgeführt werden.

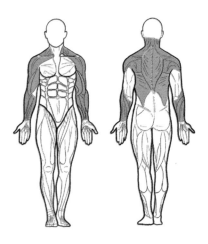

Beanspruchte Muskeln (primär/ sekundär)

Ausführung:

1. Beginnen Sie, indem Sie eine Langhantel im Obergriff greifen und Ihre Füße etwa schulterbreit auseinander platzieren. Beugen Sie Ihre Knie leicht und halten Sie Ihren Rücken gerade.

2. Beugen Sie sich nach vorne, bis Ihr Oberkörper fast parallel zum Boden ist. Halten Sie Ihren Kopf in einer neutralen Position und Ihre Bauchmuskeln angespannt, um eine stabile Haltung zu gewährleisten.

3. Lassen Sie die Langhantel gerade nach unten hängen, wobei Ihre Arme vollständig gestreckt sind. Dies ist Ihre Ausgangsposition.

4. Atmen Sie ein und ziehen Sie die Langhantel zu Ihrem Bauchnabel hin, indem Sie Ihre Ellenbogen nach hinten Richtung Wirbelsäule ziehen. Achten Sie darauf, dass Sie Ihre Schultern nach hinten und Richtung Gesäß ziehen, um eine gute Stabilität zu gewährleisten.

5. Halten Sie die Position kurz und spüren Sie die Kontraktion Ihrer Rückenmuskulatur.

6. Senken Sie die Langhantel langsam und kontrolliert zurück zur Ausgangsposition.

7. Wiederholen Sie die Bewegung für die gewünschte Anzahl an Wiederholungen.

Rücken gerade halten

Gewicht zum Bauchnabel
ziehen

Schulterblätter nach hinten ziehen,
Ellenbogen nahe am Körper

12. Listen von Lebensmitteln

10.1: Liste mit gesunden Lebensmitteln

Äpfel	Ananas	Avocado	Bananen	Beeren
Brokkoli	Chiasamen	Eier	Erdbeeren	Grapefruits
Granatapfel	Gurke	Grünkohl	Haferflocken	Hühnerbrust
Hüttenkäse	Ingwer	Joghurt natur	Karotten	Kidney-bohnen
Kichererbsen	Kiwi	Knoblauch	Lachs	Leinsamen
Linsen	Mandeln	Mangos	Orangen	Papaya
Paprika	Pilze	Quark	Quinoa	Rote Beete
Rucola	Rindfleisch	Sellerie	Spinat	Süßkartoffel
Thunfisch	Tofu	Tomate	Walnüsse	Wasser-melone
Zucchini	Zwiebel	Vollkornpro dukte	Grüner Tee	Dunkle Schokolade

Diese Lebensmittel sind reich an Nährstoffen, Ballaststoffen und Antioxidantien, die deinem Körper helfen können, gesund zu bleiben und optimal zu funktionieren. Sie bieten eine Vielzahl von Vitaminen, Mineralstoffen und gesunden Fetten, die für eine ausgewogene Ernährung wichtig sind.

163

10.2: Liste mit ungesunden Lebensmitteln

Alkohol	Chips	Cola	Croissant	Donuts
Energy Drinks	Fast Food	Fertig-gerichte	Frucht-joghurt gesüßt	Frühstücks-flocken gesüßt
Gummibärchen	Hamburger	Hot Dogs	Instant Nudeln	Kekse
Ketchup gesüßt	Limonade	Margarine	Mayonaise	Nachos
Pizza fertig/ tiefgekühlt	Popcorn gesüßt oder Butter	Pudding	Raffinierter Zucker	Riegel gesüßt
Sahne	Salzstangen	Schokolade Vollmilch	Softdrinks	Süßigkeiten
Tiefkühl-gerichte	Tortilla-Chips	Vanillesoße fertig	Weißbrot	Wurstwaren
Zuckergebäck	Zuckersirup	Zuckersüße Getränke	Zuckersüße Desserts	Zuckersüße Würzmittel

All diese Lebensmittel enthalten große Mengen an Industriezucker, Fett oder Beidem und sollten so sparsam wie möglich verzehrt werden. Teilweise sind sie für den Körper einfach nutzlos, teilweise jedoch sogar schädlich! Ersetzen Sie diese also so oft es irgendwie möglich ist durch gesunde alternativen!

13. Rezepte

Frühstück

Rezept: **Haferflocken mit Skyr und Johannisbeeren**

1. Haferflocken (Menge abhängig von Ihrem Hunger) in eine Schüssel geben und zur gleichen Teilen mit Halbfettmilch und Wasser aufgießen bis alle Haferflocken bedeckt sind. Optional können Sie einen TL gemahlene Flohsamen untermischen um eine noch cremiger Konsistenz zu erreichen.

2. Die Schüssel mit den eingeweichten Haferflocken für ein bis zwei Minuten in der Mikrowelle erhitzen.

3. Fügen Sie nun zwei EL Skyr oder griechisches Joghurt und ein bis zwei EL Johannisbeeren (frisch oder tiefgekühlt) hinzu und mischen Sie alles gut durch. Als Topping empfehle ich Ihnen einen EL Hafer oder Dinkel Granola.

Rezept: **Protein Pancakes**

Zutaten:

- 1 reife Banane

- 200 ml Mandelmilch (oder Halbfettmilch)

- 140g Hafermark (oder Haferflocken)

- 40g Proteinpulver (neutral)

- 1 ganzes Ei

- 3 Eiklar

- 1 TL Backpulver

- Zimt

- Butter zum Braten

- Heidelbeeren/ Blaubeeren (optional)

Zubereitung:

1. Alle Zutaten in einen Mixer geben und gut mixen, bis eine dickflüssige Masse entsteht. Bei Bedarf etwas mehr Hafermark hinzufügen bis die Konsistenz passt.

2. Eine Pfanne mit etwas Butter gut aufheizen, dann die Masse langsam einlaufen lassen (sollte nicht zu flüssig sein). Auf jeden Pancake ein paar Blaubeeren legen und leicht in den Teig drücken. Sobald sich auf der Oberseite der Pancakes kleine Bläschen bilden, welche sich nicht mehr schließen, können sie gewendet werden. Nach ein paar Minuten sind sie auch schon fertig!

3. Nun noch mit Zimt und Sirup anrichten und genießen!

Rezept: **Räucherlachs mit Rührei**

Zutaten:

- 3 Eier

- Ein paar Cocktailtomaten

- Ein Schuss Milch

- Salz und Pfeffer

- Öl zum Anbraten

- 50 g Räucherlachs

- 2 Scheiben Vollkornbrot

Zubereitung:

1. Ei, Milch, Salz und Pfeffer in einer Schüssel verquirlen.

2. Cocktailtomaten waschen, abtupfen und vierteln.

3. Öl in einer beschichteten Pfanne erhitzen, Ei-Milchgemisch einlaufen lassen. Cocktailtomaten hinzufügen und unter häufigem Rühren das Ei stocken lassen.

4. Vollkornbrot in einem Toaster kurz erhitzen.

5. Getoastetes Brot mit Lachs belegen und Rührei darauf verteilen.

Mittag

Rezept: **Linsenbolognese mit Kichererbsennudeln** (vegetarisch)

Zutaten:

- 2 EL ÖL

- 1 Zwiebel

- 1 Knoblauchzehe

- 100g Lauch

- 150g Karotten

- 500 ml Gemüsesuppe

- 2 Dosen gehackte Tomaten

- 4 EL Tomatenmark

- 300g Linsen (Tellerlinsen essfertig)

- 500g Kichererbsennudeln

- Salz, Pfeffer, Oregano, Basilikum

Zubereitung:

Öl in einem Topf erhitzen, Zwiebel und Knoblauchzehe fein gehackt glasig andünsten. Lauch in Ringe und Karotten in kleine Würfel geschnitten dazugeben und mit dünsten. Tomatenmark einrühren und sofort mit Gemüsesuppe aufgießen. Gehackte Tomaten, Linsen und Gewürze unterrühren und 30 Minuten leicht köcheln lassen. Mit Salz, Pfeffer abschmecken.

Kichererbsennudeln in reichlich Salzwasser bissfest kochen, abseihen und mit der Bolognese anrichten. Nach Belieben mit etwas geriebenem Parmesan bestreuen.

Rezept: **Chili con carne**

Zutaten:

- ca. 700g Hackfleisch gemischt (Schwein und Rind)

- 2 Dosen Kidneybohnen

- 1 Dose gehackte Tomaten

- 1 kleine Dose Mais

- 1 Dose Kichererbsen

- 1 Zwiebel

- 2 Zehen Knoblauch

- 2 EL Tomatenmark

- ca. 400 ML Suppe

- Salz, Pfeffer, Cheyenne Pfeffer, Oregano, eine Zimtstange

- Chili nach persönlichem Geschmack

Zubereitung:

1. Das Hackfleisch in einem Topf mit etwas Öl krümelig braten, bis das ganze Wasser verdampft ist.
   Klein geschnittene Zwiebel zugeben und weiter rösten.
   Mit Suppe ablöschen und glattrühren.

2. Bohnen, Kichererbsen, Mais, Knoblauch und Gewürze hinzufügen und bei mittlerer Hitze zugedeckt für etwa eine Stunde köcheln lassen.

3. Gelegentlich umrühren und wenn nötig etwas Wasser ergänzen.

4. Das fertige Chili con carne kann mit etwas Petersilie und geriebenem Käse serviert werden.

Rezept: **Hühnerbrust mit Gemüse**

Zutaten:

- 2 Hühnerbrustfilets

- 2 Esslöffel Olivenöl

- 2 Knoblauchzehen, gehackt

- 1 Teelöffel Paprikapulver

- 1 Teelöffel Kreuzkümmel

- Salz und Pfeffer nach Geschmack

- 1 Zucchini, in Scheiben geschnitten

- 1 rote Paprika, in Streifen geschnitten

- 1 gelbe Paprika, in Streifen geschnitten

- 1 Zwiebel, in Ringe geschnitten

- 1 Teelöffel getrocknete Kräuter (z.B. Thymian, Oregano)

- Saft einer halben Zitrone

Zubereitung:

1. Die Hühnerbrustfilets abspülen und trocken tupfen. Mit Salz, Pfeffer, Paprikapulver und Kreuzkümmel würzen.

2. In einer Pfanne das Olivenöl erhitzen und den gehackten Knoblauch darin anbraten, bis er duftet.

3. Die gewürzten Hühnerbrustfilets in die Pfanne geben und von beiden Seiten goldbraun anbraten. Anschließend aus der Pfanne nehmen und beiseite stellen.

4. In derselben Pfanne die Zucchini, Paprika und Zwiebeln anbraten, bis sie leicht gebräunt sind.

5. Die Hühnerbrustfilets zurück in die Pfanne geben und die getrockneten Kräuter darüber streuen. Den Zitronensaft darüber träufeln.

6. Die Pfanne abdecken und das Gericht bei mittlerer Hitze für weitere 10-15 Minuten köcheln lassen, bis das Hühnerfleisch durchgegart ist und das Gemüse weich, aber noch bissfest ist.

7. Das Gericht mit frischen Kräutern garnieren und servieren.

Dieses Rezept kombiniert mageres Hühnerfleisch mit einer Vielzahl von Gemüsesorten, um eine ausgewogene Mahlzeit zu schaffen, die sowohl zum Muskelaufbau als auch zum Fettabbau geeignet ist. Hühnerfleisch ist eine gute Proteinquelle, die den Muskelaufbau unterstützt und gleichzeitig wenig Fett enthält. Das Gemüse liefert wichtige Nährstoffe, Ballaststoffe und Vitamine, die den Stoffwechsel ankurbeln und den Körper mit Energie versorgen.

Die Zubereitungszeit beträgt maximal 40 Minuten, was dieses Rezept zu einer schnellen und einfachen Option für eine gesunde Mahlzeit macht. Es kann als Hauptgericht serviert werden und kann mit einer Beilage wie Quinoa, braunem Reis oder Süßkartoffeln ergänzt werden, um die Kohlenhydrataufnahme zu erhöhen, wenn dies für den individuellen Bedarf erforderlich ist.

Dieses Gericht ist vielseitig und kann nach Belieben angepasst werden. Sie können verschiedene Gemüsesorten verwenden, je nachdem, was Sie zur Hand haben oder was Ihnen am besten schmeckt. Sie können auch zusätzliche Gewürze oder Kräuter hinzufügen, um den Geschmack zu variieren.

Genießen Sie dieses leckere und gesunde Hühnerbrust mit Gemüse Rezept, um Ihre Fitnessziele zu unterstützen und gleichzeitig eine köstliche Mahlzeit zu genießen.

Rezept: **Low Carb Pizza**

Zutaten:

Boden:

- 80g Mandelmehl (Achtung Mehl, nicht geriebene Mandeln!!!)

- 70g Magerquark

- 150g geriebenen Mozzarella

- 2 EL Olivenöl

- 1 TL Salz

- 2 Eier

- 1 Messerspitze Trockenhefe

Sauce:

- 100g gehackte Tomaten

- 1 EL Tomatenmark

- Salz

- Pfeffer

- Oregano

- 1 Knoblauchzehe

Zubereitung:

Boden:

1. Den Backofen auf 180°C vorheizen

2. Käse, Magerquark, Eier und Olivenöl in einer Schüssel gut vermengen.

3. Mandelmehl und Hefe einrühren bis eine glatte Masse entsteht.

4. Die Masse auf ein Backblech mit Backpapier legen, mit einem zweiten Bogen Backpapier bedecken und mit den Händen flach ausstreichen bis die gewünschte Größe und Dicke erreicht sind.

5. Den oberen Bogen Backpapier vorsichtig wieder abziehen und das Blech mit dem Pizzaboden in den Backofen schieben. Jetzt ca. 12-15 Minuten backen lassen.

Sauce:

Alle Zutaten in einer Schüssel gut vermengen und den Knoblauch hinein pressen.

Belegen:

Nach den 12-15 Minuten Backzeit, den Boden aus dem Backofen nehmen, mit der Sauce gleichmäßig bestreichen, nach Belieben belegen und wieder für 10 Minuten (so dunkel man die Pizza eben mag) in den Backofen schieben!

Rezept: **Thunfischlaibchen**

Zutaten:

- 2 Dosen Thunfisch (in eigenem Saft)

- 2 Eiklar

- 60g Hafermark

- 30g Mayonnaise light

- 1/2 Zwiebel

- 2 Knoblauchzehen

- 250 g Magerquark

- Pfeffer

- Salz

- Paprikapulver geräuchert

Zubereitung:

1. Thunfisch abgießen, mit Hafermark, Eiklar, Zwiebel und einer Knoblauchzehe gut vermischen. Mit Salz, Pfeffer und geräuchertem Paprika würzen.

2. Für die Sauce, den Magerquark mit etwas Wasser verdünnen und mit Knoblauch, Salz, Pfeffer und Dillspitzen verrühren.

3. Aus der Masse 6 flache Laibchen formen und in einer leicht geölten Pfanne beidseitig ca. 4 Minuten goldbraun knusprig braten.

Als Beilage empfehle ich Röstgemüse.

Rezept: **Orientalische Rindfleisch- Gemüsepfanne**

Zutaten:
- 350g mageres Rinderhack

- 2 Stk. Frühlingszwiebel

- 1 Stk. Karotte Proteinpulver

- Tomaten

- 1/2 Paprika

- Grüne Bohnen

- Blumenkohlreis (Karfiolreis)

- Sojasauce

- Cheyennepfeffer

- Curcuma

- Chiliflocken

Zubereitung:

1. Das gesamte Gemüse klein schneiden, Rinderhack in einer beschichteten Pfanne mit etwas Olivenöl scharf anbraten, Gemüse dazu geben und weiter rösten.

2. Mit Sojasauce ablöschen und mit Cheyennepfeffer, Curcuma und Chili würzen.

3. Nun kommt auch der Blumenkohlreis dazu. Mit einem Schuss Wasser aufgießen und so lange bei schwacher Hitze köcheln lassen, bis ein Großteil der Flüssigkeit verdampft ist. Dies dauert etwa 10 Minuten.

Rezept: **Hühner- Gemüsecurry mit Basmatireis**

Zutaten:

- 500 g Hühnerfilet

- 3 EL Pflanzenöl

- 500 g Tiefkühlgemüse gemischt

- 2 Knoblauchzehen

- 3 Frühlingszwiebel

- 250 ml Kokosmilch

- 3 EL Sojasauce

- Salz, Pfeffer, Currypulver, Kurkuma, Cheyenne Pfeffer

- 200 g Basmatireis

Zubereitung:

1. Hühnerfleisch waschen und mit Küchenpapier trockentupfen. Das Fleisch in gleichmäßige,

mundgerechte Stücke schneiden. Frühlingszwiebel und Knoblauch klein schneiden.

2. Öl in einer Pfanne erhitzen und das Fleisch von allen Seiten scharf anbraten. Zwiebelnd Knoblauch dazu geben und solange mit braten, bis die Zwiebel glasig sind.

3. Gefrorenes Gemüse dazu geben und für einige Minuten weiter anbraten.

4. Mit Currypulver würzen, kurz anrösten und sofort mit Sojasauce und Kokosmilch ablöschen.

5. Mit Salz, Pfeffer, Kurkuma und Cheyenne Pfeffer würzen und bei mittlerer Hitze für 10-15 Minuten schwach köcheln lassen bis die Sauce eine cremige Konsistenz erreicht hat.

Mit Basmatireis anrichten.

Dieses Rezept kann auch hervorragend in größeren Mengen gekocht und portioniert eingefroren werden.

Abend

Rezept: **Gegrillte Putenbrust mit grünen Bohnen**

Zutaten:

- 500 g Putenbrust

- 3 EL Pflanzenöl

- 300g grüne Bohnen

- 1 EL Butter

- Salz, Pfeffer, Paprikapulver

- 1 EL Pinienkerne

Zubereitung:

1. Grüne Bohnen Waschen und die Enden abschneiden. In reichlich Salzwasser 6-7 Minuten kochen. Abseihen und sofort mit kaltem Wasser abschrecken.

2. Die Putenbrust waschen und mit Küchenpapier trockentupfen. Mit Salz, Pfeffer und etwas Paprikapulver einreiben. Das Öl in einer backofenfesten Pfanne erhitzen und die Putenbrust von allen Seiten scharf anbraten. Mit etwas Wasser ablöschen und im vorgeheizten Backofen bei 180°C für 10-15 Minuten fertig braten.

3. Kurz vor Ende die Pinienkerne in heißer Butter kurz anrösten, die gekochten Bohnen zugeben und gut erhitzen.

4. Die Bohnen mit den Pinienkernen auf einen flachen Teller geben und die aufgeschnittene Putenbrust darauf anrichten.

Rezept: **Lachsfilet auf cremigem Blattspinat**

Zutaten:

- 500 g Lachsfilet ohne Haut

- 500 g Blattspinat

- 200 ml Cremefine

- 50 g Créme Fraîche

- Salz, Pfeffer

- 50 g Mandeln, gehobelt oder Splitter

- 1 Zwiebel

- 2 Knoblauchzehen

- 3 TL Senf

- Saft einer halben Zitrone

- 2 EL Butter

- Sonnenblumenöl

Zubereitung:

1. Den Backofen auf 160°C Umluft vorheizen (oder 180°C Ober-und Unterhitze) und eine Auflaufform mit etwas Sonnenblumenöl einfetten.

2. Gewaschenen Spinat grob hacken, Zwiebel und Knoblauch fein würfeln.

3. In einem Topf Butter und einen EL Sonnenblumenöl erhitzen und die Mandeln darin hellbraun anrösten. Zwiebel und Knoblauch hinzugeben und glasig dünsten.

4. Mit Cremefine und Créme Fraîch ablöschen, mit Salz Pfeffer und Senf würzen und kurz aufkochen lassen.

5. Spinat dazu geben, mit einem Deckel abdecken und den Spinat zusammenfallen lassen. Alles gut durchrühren und 1-2 Minuten bei schwacher Hitze dünsten lassen.

6. Spinat in die Auflaufform füllen und gleichmäßig verteilen. Den Lachs auf den Blattspinat legen und mit Salz, Pfeffer und Zitronensaft würzen.

7. 20 - 25 Minuten in mittlerer Höhe im Backofen fertig garen.

Rezept: **Gefüllte Zucchini** (vegetarisch)

Zutaten:

- 2 Zucchini

- 100 g Champignons

- 150 g Frischkäse

- 1 Zwiebel

- 1 Knoblauchzehe

- 100 g Cheddar gerieben

- Salz und Pfeffer

Zubereitung:

1. Backofen auf 200°C Ober- und Unterhitze vorheizen.

2. Die gewaschenen Zucchini der Länge nach halbieren und mit einem Löffel aushöhlen.

3. Das ausgehöhlte Fruchtfleisch, die Zwiebel, den Knoblauch und die Champignons fein schneiden und mit dem Frischkäse gut vermischen. Mit Salz und Pfeffer würzen.

4. Die Masse in den Zucchinihälften verteilen und glatt streichen. Mit geriebenem Käse bestreuen und auf ein Backblech mit Backpapier legen.

5. 20 - 25 Minuten auf mittlerer Höhe im Backofen backen.

Als Beilage eignet sich gekochter Reis, oder Süßkartoffeln.

Rezept: **Quinoa-Bowl mit geröstetem Gemüse und Tofu** (vegan)

Zutaten:

- 1 Tasse Quinoa

- 2 Tassen Gemüsebrühe

- 200 g Tofu, gewürfelt

- 2 Esslöffel Olivenöl

- 1 Teelöffel Paprikapulver

- 1 Teelöffel Kreuzkümmel

- Salz und Pfeffer nach Geschmack

- 1 Zucchini, in Scheiben geschnitten

- 1 rote Paprika, in Streifen geschnitten

- 1 gelbe Paprika, in Streifen geschnitten

- 1 Zwiebel, in Ringe geschnitten

- 2 Handvoll Spinat oder Grünkohl

- Saft einer halben Zitrone

- 2 Esslöffel gehackte frische Kräuter (z.B. Petersilie, Koriander)

Zubereitung:

1. Die Quinoa in einem Sieb abspülen und abtropfen lassen. In einem Topf die Gemüsebrühe zum Kochen bringen und die Quinoa hinzufügen. Die Hitze reduzieren, den Topf abdecken und die Quinoa für etwa 15-20 Minuten köcheln lassen, bis sie weich und das Wasser absorbiert ist.

2. Währenddessen den Tofu mit Paprikapulver, Kreuzkümmel, Salz und Pfeffer würzen. In einer Pfanne das Olivenöl erhitzen und den gewürfelten Tofu darin von allen Seiten goldbraun anbraten. Anschließend aus der Pfanne nehmen und beiseite stellen.

3. In derselben Pfanne die Zucchini, Paprika und Zwiebeln anbraten, bis sie leicht gebräunt sind. Den Spinat oder Grünkohl hinzufügen und kurz mitbraten, bis er zusammenfällt.

4. Die gerösteten Gemüse und den Tofu zur Quinoa geben und alles gut vermischen. Den Zitronensaft darüber träufeln und mit Salz und Pfeffer abschmecken.

5. Die Quinoa-Bowl mit gehackten frischen Kräutern garnieren und servieren.

Dieses vegane Rezept kombiniert proteinreiche Quinoa mit geröstetem Gemüse und Tofu, um eine ausgewogene Mahlzeit zu schaffen, die sowohl zum Muskelaufbau als auch zum Fettabbau geeignet ist. Quinoa ist eine hervorragende pflanzliche Proteinquelle, die alle essentiellen Aminosäuren enthält. Tofu ist ebenfalls reich an Protein und enthält wenig Fett. Das geröstete Gemüse liefert wichtige Nährstoffe, Ballaststoffe und Vitamine, die den Stoffwechsel ankurbeln und den Körper mit Energie versorgen.

Die Zubereitungszeit beträgt maximal 45 Minuten, was dieses Rezept zu einer schnellen und einfachen Option für eine gesunde Mahlzeit macht. Es kann als Hauptgericht serviert werden und ist sowohl warm als auch kalt genießbar.

Dieses Gericht ist vielseitig und kann nach Belieben angepasst werden. Sie können verschiedene Gemüsesorten verwenden, je nachdem, was Sie zur Hand haben oder was Ihnen am besten schmeckt. Sie können auch zusätzliche Gewürze oder Kräuter hinzufügen, um den Geschmack zu variieren.

Genießen Sie diese leckere und gesunde Quinoa-Bowl, um Ihre Fitnessziele zu unterstützen und gleichzeitig eine köstliche vegane Mahlzeit zu genießen.

Rezept: **Low carb Döner Rolle**

Zutaten:

Teig:

- 100g geriebenen Mozzarella light

- 250g Magerquark

- 3 Eier

- etwas Salz

Sauce:

- 100g Magerquark

- 1 Knoblauchzehe

- etwas Salz

- etwas Pfeffer

- etwas Wasser

- Chilipaste nach Geschmack

Füllung:

- 200g Hühnerfleisch

- Zwiebel

- Tomaten

- Feta Käse

- Salat

- Weißkraut

Zubereitung:

1. Backofen auf 180°C Heißluft vorheizen.

2. Käse, Magerquark und Eier mit etwas Salz zu einer glatten Masse verrühren und auf einem Backblech mit Backpapier gleichmäßig verteilen. Für ca. 20 Minuten hellbraun backen.

3. Für die Sauce, den Magerquark mit etwas Wasser verdünnen, Salz, Pfeffer, Knoblauch und Chili hinzufügen und gut vermischen.

4. Das Fleisch mit allen Gewürzen und einem Schuss Olivenöl vermischen und bei starker Hitze in einer Pfanne gut anbraten.

5. Den fertig gebackenen Teig mit Sauce bestreichen und alle Zutaten gleichmäßig darauf verteilen. Vorsichtig einrollen und genießen!!!

Snacks

Rezept: **Schoko- Brownies ohne Zucker**

Zutaten:

- 4 reife Bananen

- 3 TL Kakaopulver (ungesüßt)

- 2 EL Proteinpulver (Schokolade)

- 2 Eier

- 1 TL Trockenhefe

- Mandelsplitter zum bestreuen

Zubereitung:

1. Den Backofen auf 180°C Heißluft vorheizen

2. Die Bananen schälen und in einer Schüssel mit einer Gabel zerdrücken, bis möglichst keine Stücke mehr zu sehen sind.

3. Danach mit allen anderen Zutaten gut vermengen und in eine geeignete Backform (mit Backpapier ausgelegt) gießen und glatt streichen.

4. Nun nur noch für 15-20 Minuten in den Backofen schieben!

Rezept: **Low carb Brot**

Zutaten:

- 150g Magerquark

- 50g gemahlene Mandeln

- 50g geschrotete Leinsamen

- 1 EL Mandelmehl

- 4 Eier

- 1 TL Salz

- 1/2 Packung Backpulver

- Sonnenblumenkerne zum Bestreuen

Zubereitung:

1. Backofen auf 160°C Ober- und Unterhitze vorheizen.

2. Alle Zutaten in einer geeigneten Schüssel zu einem geschmeidigen Teig mixen.

3. Den rohen Teig in eine gebutterte Backform füllen, mit Sonnenblumenkernen bestreuen und für ca. 40 Minuten in den Ofen schieben.

TIPP: Verwenden Sie eine Silikonform, denn hier bleibt sicher nichts kleben und Sie sparen sich Zeit und Nerven!

Rezept: **Low carb Fruchteis**

Zutaten:

- 300g Beeren gefroren

- 2 EL Skyr

- 2 EL Proteinpulver (zum Beispiel: Erdbeere/ Weiße Schokolade)

- 100 ml Milch

Zubereitung:

Einfacher geht es nicht!

Alle Zutaten in einen Mixer und so lange mixen, bis eine cremige Konsistenz erreicht ist.

Rezept: **Low carb Schokoladeneis**

Zutaten:

- 500g Crushed Ice

- 2 EL Skyr

- 4 EL Proteinpulver (Schokolade ... Link weiter unten!)

- 1 TL Kakaopulver ungesüßt

- 1 EL Birkenzucker

- 100ml Milch

Zubereitung:

Einfacher geht es nicht!

Alle Zutaten in einen Mixer und so lange mixen, bis eine cremige Konsistenz erreicht ist.

Rezept: **Pikante Protein Muffins**

Zutaten:

- 350g Hühnerfleisch

- 5 Eiklar

- 30g Blattspinat

- 2 Tomaten

- 1/2 Zwiebel

- geriebener Käse

- Salz

- Pfeffer

- Paprikapulver geräuchert

Zubereitung:

1. Die Eier trennen und das Eiklar in eine Schüssel geben.

2. Spinat und Zwiebel klein schneiden und gemeinsam mit dem Eiklar und dem Käse gut verrühren.

3. Das Hühnerfleisch in sehr kleine Stücke schneiden und mit Salz, Pfeffer und geräuchertem Paprika vermischen.

4. Eine Muffinform (Silikon) mit etwas Olivenöl bestreichen und jede Form mit etwas Hühnerfleisch befüllen und leicht festdrücken. Nun die Förmchen mit dem Eigemisch gleichmäßig auffüllen.

5. Im vorgeheizten Backofen bei 180°C Heißluft für etwa 20 Minuten backen.

14. Fazit

Nun ja, ich weiß das war teilweise einiges an Informationen und sicher in manchen Punkten durchaus sehr fachlich, doch bin ich der festen Überzeugung, dass man über seinen eigenen Körper so viel wie möglich wissen sollte. Sie haben nur diesen einen, wenn Sie Ihn schädigen oder zerstören kann dies im schlimmsten Fall dauerhaft sein, aber wenn Sie wissen wie Sie auf ihn achten können, was Ihn formt und was ihn leistungsfähig macht, werden Sie ein erfüllteres, unbeschwertes und selbstsicheres Leben führen.

Erfüllter deshalb, weil Sie sich keine Gedanken machen müssen, wenn Freunde Sie zu einer Wanderung einladen und Sie im Vorfeld nicht schon Bedenken haben müssen, ob Sie den Weg bewältigen. Erfüllt weil Sie mit Ihren Kindern spielen und laufen können, ohne sich davor zu scheuen sich auf den Boden zu setzten aus Angst nur schwer wieder hoch zu kommen.

Unbeschwert weil Sie nicht bangen müssen, dass die über die Jahre angesammelte Fettmasse Ihnen irgendwann einen Herzinfarkt beschert. Unbeschwerte, weil Sie wissen welche Lebensmittel Ihnen Helfen Ihre Gesundheit zu erhalten und jene die Sie im Laufe der Zeit krank machen.

Selbstsicher weil Sie keine spöttischen Blicke ernten wenn Sie in Badekleidung am Strand oder im Freibad liegen. Selbstsicher weil Sie wissen, dass die Klischees der Prediger nicht der Wahrheit entsprechen. Sie müssen von nun an nicht alles glauben was Ihnen erzählt wird, denn Sie wissen wie es tatsächlich ist. Es ist nicht spektakulär, es ist keine Magie, manchmal ist es einfach und manchmal harte Arbeit. Doch eines ist es an oberster Stelle: „Wie hart der Weg auch manchmal sein mag, er ist es wert gegangen zu werden, er wird Ihr Leben bereichern und nicht einschränken und die Neider die Ihnen auf diesem Weg begegnen, werden Sie noch weiter motivieren!"

Danksagung

Ob Sie es glauben, oder nicht, dies ist für mich das mit Abstand schwierigste Kapitel des gesamten Buches. Nicht etwa weil ich nicht weiß bei wem ich mich bedanken soll, oder weil es mir schwer fällt nette Worte an die Menschen zu richten die mich unterstützt und ermutigt haben weiter zu machen. Nein, gewiss nicht, denn mir ist bewusst, dass ich ohne dieser Unterstützung sicherlich niemals bis zur Fertigstellung so voller Freude und Hingabe daran gearbeitet hätte und vielleicht sogar niemals fertig geworden wäre. Es fällt mir so schwer, da ich niemanden vergessen oder seiner großartigen Mitwirkung unwürdig, behandeln will.

An erster Stelle steht, wie in meinem gesamten Leben, meine Frau welche eine unbeschreibliche Geduld aufbrachte und nicht nur akzeptierte, sondern mich sogar ermutigte, jeden einzelnen Wochentag abends nach der Arbeit bis spät in die Nacht hinein zu schreiben. Wochen und Monate verbrachte Sie neben einem grübelnden und am Laptop tippenden Zombie, dessen Kommunikation sich auf tiefgreifende Fragen beschränkte wie: "Schreibt man Sauerstoffflasche tatsächlich mit drei f hintereinander, denn das sieht eigenartig aus?". Sie war nicht nur meine Rechtschreib- und Grammatikkorrektur, sondern viel wichtiger, auch meine kritische Stimme. Nicht immer wollte ich es hören, oder ehrlicher gesagt, nicht zugeben, dass sie mit ihrem Urteil recht hatte und auch hier war sie stets sehr motivierend und rücksichtsvoll zu meinem männlichen Ego.

Danke auch an meine beiden Kinder, welche ohne sich zu beschweren akzeptierten, dass ich mich in unserem gemeinsamen Familienurlaub zeitweise aus den Spielen ausklinkte um weiter zu schreiben. Interessiert fragten Sie immer wieder nach, wieviele Seiten ich bereits geschrieben hatte.

Zu Beginn war es nur eine Idee, eine Vision, eine Träumerei. Ich begann auf meinem Tablet zu schreiben, ohne genau zu wissen, welchen Umfang mein fertiges Werk tatsächlich haben wird. Irgendwann, so etwa bei 15.000 Wörtern beklagte ich mich im Gespräch mit meinem langjährigen Freund Stefan, dass ein Tablet definitiv nicht die klügste Wahl zum schreiben eines Buches sei. Noch am selben Abend stand er mit seinem MacBook vor meiner Haustüre um es mir für die Fertigstellung zu leihen. Vielen Dank dafür, mein Rücken dankt es dir besonders! Auch seine Fähigkeiten als Lektor möchte ich hier noch dankend und anerkennend erwähnen!

Als der Text des Buches seine endgültige Form und Umfang annahm, stand ich vor dem Problem, dass ich keine fertigen und für meinen Anspruch unpassenden Fotos verwenden wollte. Auch hier war Stefan wieder zur Stelle, denn er ist nicht nur mit Computer-, sondern auch mit Fotoequipment hervorragend ausgerüstet. Fotograf und Ausrüstung waren also startklar, doch fehlte mir jetzt noch ein geeigneter Raum um die Fotos zu schießen. Hier geht mein Dank an einen weiteren treuen Freund und Wegbegleiter Jürgen, welcher mir seinen Trainingsraum zur Verfügung stellte.

Weiters geht mein Dank an Sie lieber Leser! Sie sind es, für den ich geschrieben habe. Ich konnte einfach nicht länger ansehen, wie Sie belogen und betrogen werden. Es freut mich sehr, wenn Sie vom Lesen dieses Buches profitiert haben und ich wäre Ihnen sehr dankbar, wenn Sie Ihre Meinung auch mit Anderen in Form einer Bewertung teilen würden.

Ohne all diese Personen wäre es sehr viel schwieriger gewesen, meine Vision umzusetzen, doch ein riesig großes Danke fehlt noch.
Danke an alle Prediger, Hersteller von vermeintlichen Diätprodukten und Betreibern von Fastfoodketten! Ihr habt dafür gesorgt, dass mein Ärger darüber, dass Hilfe suchende Menschen ausgenutzt und für dumm verkauft werden, so groß wurde, dass ich es für notwendig hielt, die Wahrheit in ein Buch zu schreiben um so den Menschen Klarheit zu verschaffen. Hättet ihr eure Lügen und leeren Versprechen nicht jahrelang verbreitet, hätte ich doch tatsächlich nichts gehabt über das ich hätte schreiben können. Ihr seid somit meine Basis, mein Fundament auf dem dieses Buch aufgebaut ist.
Vielen Dank dafür!

Printed by Amazon Italia Logistica S.r.l.
Torrazza Piemonte (TO), Italy

60561815R00117